ORIGINE
DE
L'IMPRIMERIE
A PARIS
D'APRÈS DES DOCUMENTS INÉDITS

PAR

ES. PHILIPPE

Député de la Haute-Savoie,
Vice-Président de la Société Florimontane d'Annecy,
etc., etc.

PARIS
CHARAVAY FRÈRES, ÉDITEURS
Rue de Furstenberg, 4
—
1885

ORIGINE

DE

L'IMPRIMERIE

A PARIS

ORIGINE

DE

L'IMPRIMERIE

A PARIS

D'APRÈS DES DOCUMENTS INÉDITS

PAR

JULES PHILIPPE

Député de la Haute-Savoie,
Vice-Président de la Société Florimontane d'Annecy,
Membre correspondant de l'Académie de Savoie, de l'Institut de Genève,
de la Société littéraire de Lyon,
des Sociétés d'histoire et d'archéologie de Genève,
de Maurienne, etc.

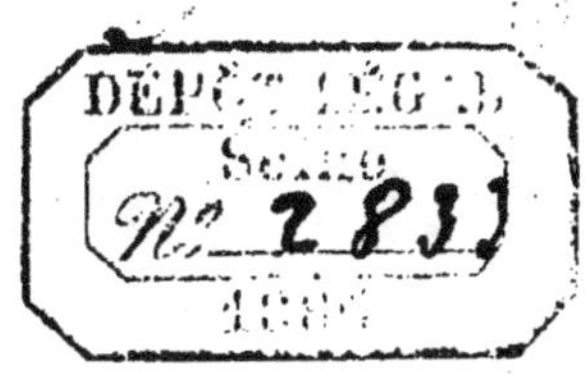

PARIS

CHARAVAY FRÈRES, ÉDITEURS

Rue de Furstenberg, 4

1885

AVANT-PROPOS

Notre but, en plaçant ces lignes en tête de cette étude, est de remercier les bibliographes et les bibliophiles, ainsi que les directeurs de collections publiques, qui nous ont mis à même de connaître les documents que nous avons utilisés.

Nous devons remercier tout d'abord les directeurs des Bibliothèques publiques de Paris, qui se sont prêtés à nos recherches avec la plus grande complaisance, et principalement le savant administrateur de la Bibliothèque Nationale, M. Léopold Delisle, et M. Thierry Poux, sous-directeur conservateur du département des imprimés, dont tous les travailleurs qui fréquentent notre grande collection nationale ont pu apprécier la science et le dévouement.

L'École française de Rome a droit aussi à notre reconnaissance; M. Geffroy, alors directeur de cette École, et M. E. Berger, ont bien voulu faire des recherches fructueuses dans la Bibliothèque Vaticane.

Nous n'avons pas été moins bien reçu à l'étranger, partout où notre travail exigeait un examen spécial de documents.

En Suisse, M. le docteur Sieber, conservateur de la Bibliothèque de l'Université de Bâle, a mis à notre disposition non seulement les ouvrages conservés dans cette riche collection publique et qui pouvaient nous être utiles, mais encore ses propres notes concernant Jean Heynlin, dont il se proposait d'écrire la biographie : M. Sieber ne pouvait se montrer plus aimable; aussi avons-nous tenu à ne point dépasser les limites d'une discrétion commandée par sa complaisance même, quitte à ne pas être aussi complet que nous l'aurions désiré dans notre notice sur Jean Heynlin.

En Angleterre, le British Museum, par un de ses conservateurs, M. Roy, nous a fourni de précieux renseignements sur les volumes de l'atelier proto-typographique français conservés dans cette grande collection. Lord Spencer, avec une bienveillance que nous avons hâte de reconnaître, a mis aussi à notre disposition sa riche et célèbre collection.

En Italie, M. Jean Veloudo, préfet de la Bibliothèque de Venise, ne s'est pas montré moins empressé.

En Allemagne, M. Byrk, préfet de la Bibliothèque de Vienne (Autriche), a bien voulu nous transmettre une description admirablement faite d'un des plus remarquables volumes imprimés dans l'atelier prototypographique de Paris; et M. Pertsch, conservateur de la Bibliothèque de Gotha, nous a renseigné exactement sur un précieux manuscrit faisant partie de sa collection et se rapportant à notre travail.

A tous nous exprimons notre reconnaissance : aux étrangers, en particulier, nous adressons des remerciements pour nous avoir procuré l'occasion de constater une fois de plus que, lorsqu'il s'agit de science, la fraternité des peuples n'est pas un vain mot.

Énumérer les noms des hommes spéciaux qui ont bien voulu éclairer notre marche; c'est dire les sources principales auxquelles ont été puisés les renseignements sur lesquels repose notre étude. Mais seul nous restons responsable de l'emploi qui a été fait de ces renseignements.

Nos efforts ont tendu à retracer aussi exactement que possible le cours d'un événement qui date dans les annales intellectuelles de la France, et à rappeler brièvement la vie des hommes qui ont été les promoteurs de cet événement dont l'importance, au point de vue patriotique, est incontestable.

N'est-ce pas remplir un vrai devoir national que d'assurer à ces hommes la place à laquelle ils ont droit dans le souvenir des Français?

PRO PATRIA!

L'AUTEUR.

ORIGINE

DE

L'IMPRIMERIE

A PARIS

CHAPITRE PREMIER

L'origine de l'imprimerie. — Les impressions xylographiques ou tabellaires. — Gutenberg, Fust et Schoiffher. — Fust apporte à Paris la *Bible* de 1462. — Opposition des *librarii* parisiens à la vente de cette Bible. — Organisation des *librarii*. — Livres apportés à Paris par Schoiffher en 1468. — L'imprimerie est introduite à Paris grâce aux efforts combinés de Guillaume Fichet et de Jean Heynlin, professeurs de la Sorbonne.

Comme toutes les découvertes dont l'application a modifié profondément l'état social de l'humanité, l'invention de l'imprimerie a donné lieu à un grand nombre de revendications.

Plus de quinze villes de divers pays ont prétendu à l'honneur d'avoir été le berceau de l'art typographique, dont on pourrait faire remonter l'origine à l'époque de la première gravure en relief sur planches de bois; mais ce n'est que vers la moitié du xve siècle que ce procédé, pratiqué par les Chinois depuis des siècles, fut appliqué en Hollande, en Allemagne et même en France à la reproduction de manuscrits. D'après ce procédé, l'impression était reçue sur un seul côté des feuillets que l'on a dit depuis, à cause de cela, *anopistho-graphes*.

Nous donnons, pages 4 et 5, un fac-similé de ce genre d'impression, appelé *xylographique* ou *tabellaire;* il représente, en gravure et texte, deux feuillets anopisthographes de l'*Ars moriendi,* imprimés à l'encre grise et au frotton (1).

A partir de ce moment, l'art typographique suivit un progrès logique et constant. Après les impressions xylographiques ou tabellaires, l'idée vint de découper les lettres, pour en modifier les combinaisons, puis de remplacer les lettres en bois par les caractères plus résistants en métal, plomb ou cuivre.

L'honneur de l'invention revient en somme aux trois hommes qui tirèrent parti les premiers de l'art nouveau et le firent entrer dans une voie pratique, en substituant aux rares manuscrits des copistes le

(1) L'*Ars moriendi* est un volume petit in-4° de théologie morale qui a joui d'un grand succès à la fin du moyen âge; c'est un dialogue entre Satan et un ange, au lit d'un mourant, et dans lequel sont débattus, à tour de rôle, les vices et les vertus. Cet ouvrage a eu un grand nombre d'éditions xylographiques ou tabellaires. L'édition in-4°, que nous reproduisons, appartient à la Bibliothèque Nationale et paraît être des plus anciennes; Guichard la considère même comme la première. Ainsi que les autres éditions xylographiques, elle compte vingt-quatre feuillets anopisthographes : onze pour les figures et treize pour le texte, comprenant la préface et l'explication placée en regard de chaque figure.

livre imprimé à grand nombre, et en offrant aux appétits littéraires et artistiques qu'allait éveiller la Renaissance, des aliments plus abondants et moins dispendieux.

Ces hommes furent Gutenberg et Fust, de Mayence, et Schoiffher, de Gernsheim (1).

Gutenberg fit ses premiers essais à Strasbourg, puis vint à Mayence, où il s'associa avec Fust et Schoiffher. Ces deux derniers restèrent ensuite seuls associés.

Ce fut en 1457 qu'un Psautier, le premier livre portant nom et date, sortit des presses des associés Fust et Schoiffher.

Après 1457, plusieurs établissements typographiques furent créés dans les principales villes d'Europe, à Rome, à Strasbourg, à Cologne, à Venise entre autres. Le premier livre imprimé dans notre langue sortit des presses de Cologne, suppose-t-on, vers 1466; c'est le *Recueil des Histoires de Troyes*, par Raoul le Fèvre, chapelain du duc de Bourgogne Philippe le Bon; Paris n'avait pas encore une imprimerie!

Ce n'est point toutefois que la capitale de la France ait été sans recevoir quelques échantillons des premiers produits de l'art nouveau. Fust et Schoiffher avaient édité une Bible en deux volumes in-folio, qu'ils avaient achevée dans l'année 1462.

(1) Fust a été appelé à tort par quelques-uns *Faust, Fusth*, etc. Quant à Schoiffher, nous écrivons son nom tel qu'il l'a écrit lui-même dans les dernières éditions qu'il a produites.

Feuillets de l'Ars morie...

Temptacio dyaboli de vana gloria.

Quarto dyabolus temptat hoiem iusticum per suiipsius
complacenciam que est superbia spiritualis per quam de-
uotos et religiosos atque perfectos magis e(st) infestus. Cum
eni hoiem ad desperandum a fide aut ad desperatione aut ad
impaciencia non potest inducere. tunc aggreditur eum per suiipsius complacenciam. tales inmittens iacula cogitacoes. O quam
firmus es in fide. quam fortis in spe et quam constanter pacies in tua
infirmitate. o quam multa bona opeties ex maxime idim
debes qui non es sicut ceteri qui infinita mala perpetra-
uerunt. et tu solo geruntu ad celestia regna prueuerunt:
igitur regnum celorum tibi iure negari non potest qui legitime
certasti. Accipe ergo coronam tibi paratam. et sede excellen-
ciore preteris optinebis. Per ista et similia dyabol(us) in-
statissime laborat hoiem inducere ad spirituale superbiam siue ad
suiipsius complacenciam. Ergo quia notandum qp ista superbia
multum e(st) vitanda primo qa per eam hõ efficitur similis dyabo-
lo. na per sola superbia de angelo factus e(st) dyabol(us). Secundo qa
per ipsam hõ videtur committere blasphemiam per hoc qp bonum
qd a deo habet a se presumit habere. Tercio qa tanta possz
esse sua complacencia qp per hanc dampnaretur. Unde
gregorius. Reminiscendo quis boni qd gessit dum se
apud se erigit apud auctorem humilitatis cadit. Item
augustinus. Homo si se iustificauerit et de iusticia
sua presumpserit cadit

Les deux associés ne pouvaient négliger d'ouvrir à leurs travaux un débouché aussi sûr que celui de Paris, alors le principal centre intellectuel de l'Europe ; Fust y apporta lui-même la nouvelle édition de la Bible (1).

Walchius (2), cité par Chevillier (3), prétend que Fust la vendit 60 écus, puis 50, 40, et même à un plus bas prix ; que les acheteurs l'admirèrent pour la netteté du caractère qu'ils attribuaient à un travail de copistes ; mais bientôt on se serait aperçu que la main de ces derniers n'était pour rien dans ces *copies* exceptionnellement belles, et qu'il s'agissait d'un procédé, inconnu jusque-là, permettant de multiplier à l'infini les exemplaires. De là, colère des acheteurs contre Fust qui, sous le coup d'un procès, se sauva de Paris.

Qu'il y ait eu un mouvement d'opinion défavorable à Fust, après qu'il eut vendu ses Bibles, c'est presque certain ; mais ce qui est moins sûr, c'est qu'on lui ait fait un procès. De Boze (4) déclare avoir fait fouiller minutieusement dans le recueil des arrêts de ce temps-là, et n'avoir pu découvrir les traces d'une action dirigée contre Fust. Prosper Marchand (5), après avoir répété que l'associé de

(1) Deux exemplaires de cette Bible sont exposés dans la galerie Mazarine de la Bibliothèque Nationale de Paris.

(2) *Decas Fabularum Generis Humani ;* Strasbourg, 1609, in-4°, p. 181.

(3) *Origines de l'imprimerie de Paris ;* Paris, 1694, in-4°, p. 16.

(4) Tome XIV des *Mémoires de l'Académie des Belles-Lettres de Paris.*

(5) *Histoire de l'origine des premiers progrès de l'Imprimerie ;* La Haye, 1740, in-4°.

Schoiffher fut poursuivi et forcé de se sauver de Paris, semble, dans ses notes, douter de la poursuite judiciaire.

A cette époque, et depuis longtemps, il y avait à Paris une légion de copistes qui se chargeaient de multiplier les manuscrits à l'usage des bibliothèques des corporations et des particuliers. Déjà, au xiie et au xiiie siècle, la production des manuscrits était si grande à Paris, que le clergé anglais venait y former les bibliothèques de ses établissements religieux (1). A côté des nombreux copistes, on comptait des *parcheminiers, relieurs* et *enlumineurs;* ces derniers *illustraient* les manuscrits et parfois étaient d'éminents artistes dont plusieurs ont laissé de vrais chefs-d'œuvre. Ceux qu'on nommait libraires, *librarii,* comprenaient les écrivains, soit copistes, dont la demeure était fixe et connue, qu'on désignait sous le nom de *stationarii,* et les libraires proprement dits chargés de vendre les manuscrits. Ces derniers étaient soumis à l'Université qui seule, d'après des ordonnances royales (2), avait le droit d'instituer les libraires et de fixer le prix des livres (3).

Les *librarii* et leurs congénères, au nombre de six mille environ, au milieu du xve siècle, formaient

---

(1) V. *Histoire de l'Imprimerie,* par P. Lacroix, p. 24.

(2) Entre autres ordonnances celle de Charles VI, du 20 juin 1411.

(3) V. *Histoire de Paris,* par Félibien, tome II, p. 865. Le prix des livres était fixé par quatre libraires délégués à cet effet par l'Université; le gain du vendeur ne devait pas dépasser 4 deniers par exemplaire vendu aux maîtres ou aux écoliers, et 6 deniers pour les autres acheteurs. Félibien reproduit la note suivante, qui donne une idée des

une puissante corporation dont il était difficile de léser impunément les intérêts.

Or, lorsque Fust eut vendu quelques-unes de ses Bibles, tous les *librarii* parisiens se sentirent menacés par l'art nouveau qui venait se substituer au leur, et que les plus fougueux ont pu appeler *diabolique* afin de mieux frapper l'esprit public.

Les *librarii* parisiens se répandirent en protestations, voire en injures, contre Fust et son invention. Fust dut sortir de Paris hâtivement. Voilà, croyons-nous, le seul motif de sa fuite. Ce qui achève de prouver, dans tous les cas, que Fust ne fut pas poursuivi judiciairement, c'est qu'il revint à Paris. En 1466, dans le mois de juillet, il y vendit à un magistrat les *Devoirs* de Cicéron, que l'atelier de Mayence avait achevés le 4 février. On croit qu'il mourut cette année même.

Son ancien associé et successeur, Schoiffher, vint à son tour à Paris, pour y placer ses éditions nouvelles; il y apporta, en 1468, une édition de la *Somme, secunda secundæ*, de saint Thomas d'Aquin. On conserve dans les Archives Nationales (1) une quittance sur parchemin, datée du 20 juillet de cette année, constatant que Schoiffher a vendu un exemplaire de la *Somme,* de 258 feuillets sur vélin, pour

prix payés aux copistes et autres : « A Regnault Feulode, escripvain, « demourant à Tours, 9 livres 12 sols 6 deniers pour neuf cahiers « de parchemins et enlumineures d'un livre de Rasis , relié et cou- « vert de velours cramoisy. — Novembre 1471. »
  (1) Coté S. 6346.

15 écus d'or (1), au collège d'Autun, à Paris; à ce reçu est joint celui d'un relieur du nom de Duhamel, qui accuse réception, en date du 25 septembre, de 24 sols parisis pour avoir enluminé et relié le volume.

Ainsi Paris avait appris à connaître les produits de l'art typographique dès les premières années de la découverte de cet art. L'idée avait été semée et elle ne pouvait tarder à germer dans les esprits.

On prétend que le roi Charles VII ne laissa pas de s'intéresser à l'invention de Gutenberg ; mais on n'a à cet égard aucun renseignement précis.

Quoi qu'il en soit, l'idée qui aurait préoccupé un instant Charles VII ne semble pas avoir frappé son successeur Louis XI, monté sur le trône en 1461. Il devait s'écouler encore neuf années avant que l'art typographique fût installé dans la capitale de la France, non point sur l'initiative de hauts personnages, mais simplement de deux humbles quoique savants professeurs de la Sorbonne : Guillaume Fichet et Jean Heynlin, connu en France sous le nom de *Lapierre* ou *de la Pierre*.

---

(1) L'écu d'or, à cette époque, était de 23 carats 1/8 et de 60 au marc, chaque pièce au titre de 973^{mm}559, pesant 4 gr. 0,79, environ.

CHAPITRE II

Guillaume Fichet naquit, le 16 septembre 1433, dans le village du Petit-Bornand, en Savoie (1). Il fit ses premières études dans son pays natal et ensuite dans le collège de Saint-Nicolas, d'Avignon, fondé en 1424 par son compatriote le cardinal de Brogny. De là, il vint à Paris, entra dans la Sorbonne en 1459, et fut reçu *associé* de l'illustre maison, le 16 décembre 1461 (2).

(1) Aujourd'hui dans l'arrondissement de Bonneville (Haute-Savoie). C'est M. Léopold Delisle, administrateur de la Bibliothèque Nationale, qui a découvert la date de la naissance de G. Fichet, dans une note que ce dernier avait écrite sur un manuscrit qui lui appartenait.

(2) *Registre original des prieurs de Sorbonne, de l'année 1430 à l'année 1483* ; fol. 46. — Bibl. Nat. ms. n° 5494 A. fonds latin.

G. Fichet fit de brillantes études en Sorbonne et prit assez rapidement tous ses grades; le 7 avril 1468 il était docteur en théologie et maître ès-arts (1). Le 25 mars 1465, il fut élu prieur de la maison de Sorbonne. Ses procès-verbaux méritent une attention spéciale; ils occupent onze pages et demie du *Registre original des prieurs*, du verso du quarante-neuvième feuillet au verso du cinquante-cinquième. Il y en a peu d'aussi longs dans la série, et on voit, par leur rédaction, qu'ils sont dus à la plume d'un lettré scrupuleux, s'appliquant à ne rien omettre, à tout expliquer clairement en un latin aussi correct que s'il s'était agi de faire œuvre sérieuse de philosophie ou de littérature.

Il n'est pas jusqu'à la partie matérielle de ces simples procès-verbaux qui ne dénote chez leur auteur l'amour de l'ordre et de la symétrie, qu'il devait posséder pour les choses matérielles aussi bien que pour les choses de l'intelligence. Les autres prieurs ont commencé la rédaction de leurs procès-verbaux sans grande précaution; G. Fichet, lui, a fait preuve d'un meilleur goût: la moitié de sa première ligne est écrite en grandes lettres initiales.

G. Fichet a signé un de ses procès-verbaux, un des plus importants et relatif à une dispute qui s'était élevée sur la distribution des *bourses* dans la maison de Sorbonne; il a orthographié son

(1) V. *Le Livre du grand bedeau*, Bibl. Nat., ms. fonds ancien, 5657 C.

nom en le grécisant suivant le goût de l'époque, et il a écrit. PHICHET.

Son priorat prit fin le 25 mars 1466 (1).

Le 23 juin 1467, il fut élu recteur de l'Université de Paris.

Pendant son rectorat, il rendit un signalé service aux étudiants de Paris en obtenant de Louis XI qu'ils ne fussent pas compris dans une levée de soldats que ce roi avait décrétée, fait que tous les historiens contemporains ont cité à l'éloge du jeune recteur.

Les fonctions de recteur n'étant exercées que pendant trois mois par le même titulaire, G. Fichet fut remplacé le 10 octobre 1467 par André Berguier.

La haute situation que notre docteur s'était faite dans le monde universitaire par sa science et son caractère, lui valurent, ont dit plusieurs auteurs, d'être appelé par Louis XI à se mêler, comme envoyé ou ambassadeur, dans les longs démêlés qui ont agité le règne de ce roi (2).

(1) Le *Registre original des prieurs* dit que G. Fichet fut remplacé par Michel Petit (*Parvus*) le jour de l'Annonciation de 1465, suivant le mode de compter de cette époque, d'après lequel l'année commençait à Pâques. Or Pâques s'étant trouvé le 6 avril en 1466, il faut lire que le remplacement eut lieu le 25 mars 1466, suivant le nouveau style, l'année commençant le 1er janvier.

(2) Ses missions furent toutes secrètes, et on ne les trouve relatées dans aucun document public. On doit à M. Moufflet, proviseur de lycée en retraite, une étude intéressante sur une des missions de G. Fichet auprès du duc de Milan, Galeas-Marie Sforza, d'après des documents inédits. Nous consacrerons une page spéciale à ce fait inconnu jusqu'ici, dans un travail subséquent sur notre docteur de Sorbonne.

La science, l'activité de G. Fichet lui attirèrent l'attachement sincère de plusieurs des hommes les plus haut placés dans le monde savant. Quelques-uns même, tels que l'évêque de Paris, Chartier, et le cardinal d'Autun, Jean Rolin, lui vinrent en aide matériellement, le premier, au moyen d'un bénéfice, celui d'Anet (Eure-et-Loir), et le second, en lui accordant une pension. Dans le cours de 1470, il se lia d'amitié, à l'étranger, avec le cardinal grec Bessarion, celui que Laurent Valla a appelé, à cause de sa science philologique, *le plus Grec des Latins et le plus Latin des Grecs.* Nous verrons G. Fichet entrer en relation étroite avec l'illustre cardinal, à propos d'un des premiers livres imprimés à Paris. L'un et l'autre étaient des hommes de littérature. Les relations qui s'établirent entre eux furent surtout fondées sur un même dévouement à la science et sur d'égales aspirations généreuses. Bessarion en Italie, G. Fichet en France, se tendirent la main à travers les Alpes, contractèrent une union scientifique et littéraire, à l'aurore de la Renaissance dont ils furent des adeptes zélés sur ces deux terres privilégiées.

Si Bessarion eut le mérite d'être un des promoteurs les plus en vue d'un mouvement littéraire qui marqua en Italie une époque de régénération intellectuelle, aussi bien G. Fichet prit en France, à Paris, l'initiative d'une entreprise semblable, mettant en honneur l'étude des belles-lettres, enseignant l'éloquence et, par-dessus tout, contribuant

à introduire sur la terre française cet art de l'imprimerie destiné à émanciper l'humanité (1).

Jean Heynlin, originaire d'une localité allemande appelée *Stein*, soit en français *pierre*, joignit
à son prénom, pour se désigner et suivant un usage
de son temps, le nom du village où il était né : il
s'appela *Johannes von Stein*, ce qu'on traduisit en
français par *Jean de la Pierre*, ou *Lapierre* tout
court ; et alors on le trouve nommé en latin, dans
les registres de la Sorbonne, *Johannes Lapidanus*,
Lapideus, *de Lapide*. C'est là un exemple de ces
altérations de noms, dues à un système de traduction fantaisiste auquel G. Fichet lui-même n'a pas
échappé puisqu'il est appelé, dans les documents
contemporains, *Phichetus*, *Vichetus*, *Fischetus*.

Presque tous les biographes, jusqu'à ce jour,
n'ont cité J. Heynlin qu'en l'appelant *Lapierre ;* nous
lui restituons constamment, dans cette étude, son
véritable nom.

Les auteurs français qui ont écrit sur J. Heynlin
ne se sont pas mis d'accord jusqu'à présent sur le
lieu de sa naissance. Les uns l'ont fait naître dans
la Suisse allemande ; les autres se sont contentés
de dire qu'il était Allemand.

Jean Heynlin n'était pas Suisse, ainsi que quel-

(1) Nous ne faisons que ce rapide exposé de la vie de G. Fichet,
nous réservant de publier une étude biographique complète sur cet
homme remarquable pour son époque, et dont toutes les biographies
générales ont fait l'éloge.

ques-uns l'ont prétendu, mais Allemand proprement dit. M. Sieber, le savant bibliothécaire de Bâle, a constaté que dans un manuscrit existant à la Bibliothèque de Bâle, J. Heynlin se dit lui-même originaire du diocèse de Spire. Cette origine est confirmée par nos propres recherches ; en effet, en parcourant le *Registre original des prieurs* de Sorbonne, nous avons trouvé qu'ayant été nommé prieur le 25 mars 1468 et le 25 mars 1470 (nouveau style), J. Heynlin a intitulé ses procès-verbaux de la manière suivante : *Prioratus Johannis de Lapide, Alemani, diocesis Spirensis* (1).

J. Heynlin était donc Allemand, et M. Sieber croit pouvoir assurer qu'il était né dans le village de Stein, situé non loin de Borzheim et de Bretten, dans le grand-duché de Bade. Cette opinion est corroborée par un document connu de tout temps, mais que les bibliographes ont négligé de consulter attentivement, à savoir une lettre de G. Fichet à J. Heynlin servant de préface à un des volumes que nous verrons sortir de l'atelier typographique fondé par nos deux sorbonistes : le traité *Des Devoirs,* de Cicéron. A la fin de cette lettre, G. Fichet fait intervenir les souverains de Bade en s'adressant à J. Heynlin, un de leurs sujets, à qui il dit en parlant de ces princes : *Vos très illustres et très bienveillants marquis de Bade.* Cette simple remarque aurait dû, depuis longtemps, mettre à néant toutes

(1) V. le *Registre original des prieurs* déjà cité, fol. 58, 61, 62.

les conjectures hasardées sur l'origine de J. Heynlin, dont un auteur bâlois, M. Vischer, fixe la naissance à l'année 1430 (1).

J. Heynlin fit ses premières études en Allemagne.
Il était à l'Université de Leipzig en 1452, comme
l'indique une note écrite par lui-même à la fin d'un
manuscrit conservé dans la Bibliothèque de Bâle,
note ainsi conçue : *in alma universitate studū Lyp-
ʒensis in die proxima post scolastice Virginis. Anno
incarnacionis dominice 1452. Per me Johannes Heynlin de Lapide* (2).

J. Heynlin vint à Paris en 1458 ou 1459. En
effet, une note tracée de sa main à la fin d'un
manuscrit contenant la traduction latine du traité
De Animâ, d'Aristote, et conservé comme le précédent dans la Bibliothèque de Bâle, nous apprend
qu'en 1459 il était déjà à Paris comme *régent* ès-
arts dans le collège de Bourgogne.

Ce ne fut que trois ans plus tard qu'il entra à la
Sorbonne.

Le *Registre original des prieurs* fournit à ce
sujet un renseignement précis. Ce recueil nous
fait connaître, folio 46 au verso, que le jeune étudiant allemand se présenta pour être reçu dans le
collège de Sorbonne, le 3 juin 1462, en même
temps que Guillaume Vimont et Jean Senart ou

(1) *Geschichte der Universität Basel;* Bâle, 1860, p. 159.
(2) La Bibliothèque de Bâle possède toute la collection de livres,
de manuscrits ayant appartenu à J. Heynlin, collection précieuse que
nous avons consultée et dont nous reparlerons.

Chenart. Tous trois furent admis à l'unanimité, moyennant la condition ordinaire des huit jours de délibération préalable. Le 10 juin, ils étaient acceptés par le prieur, mais *sans bourse*, et le 18 du même mois, ils étaient admis définitivement par les maîtres et les associés de la maison (1).

En 1463 il quitta la France, séjourna à Bâle et revint en Sorbonne en 1467.

Le 25 mars 1468 (nouveau style), J. Heynlin fut élu prieur de Sorbonne, distinction que lui valut sa réputation déjà bien établie dans la maison. Mais il ne conserva pas longtemps ce poste de confiance; le *Registre original des prieurs* nous apprend que le 27 avril, soit un mois après son élection, il donna sa démission motivée sur sa mauvaise vue (2). Il fut remplacé le 5 mai par Michel Petit (*M. Parvus*), celui qui avait déjà succédé à G. Fichet dans les mêmes fonctions, en 1466.

Les procès-verbaux du prieur J. Heynlin n'occupent que deux pages, le verso du folio 58 et le recto du folio 59; l'écriture en est très lisible, très nette; ils portent la signature de leur auteur.

Dans la même année 1468, J. Heynlin remplit les hautes fonctions de recteur de l'Université de

(1) Le recueil intitulé *Historia Sorbonica* (ms. de la Bibl. de l'Arsenal, nᵒ 1021) fixe l'admission de J. Heynlin en 1461; mais le *Registre original des prieurs* fait foi.

(2) Proposuit prior in aulà quom per magnum tempus passus fuisset infirmitatem oculorum ut singulis constabat quo ipse studio vacare non potuisset : quom etiam timeret quod in brevi se studio occupare non auderet secundum quod officium requireret, et ideo supplicavit, etc. (*Reg. original des prieurs*, fol. 58.)

Paris, et ensuite celles plus modestes de bibliothécaire de Sorbonne. Enfin, le 25 mars 1470 (n. st.),
il fut élu prieur pour la seconde fois, en même
temps que G. Fichet était réélu bibliothécaire, fonctions qu'il avait déjà exercées dans l'année écoulée
et qui lui furent continuées par exception.

Cette seconde fois comme la première, J. Heynlin a libellé l'en-tête de ses procès-verbaux dans
les termes que nous avons reproduits plus haut, se
disant du diocèse de Spire.

Il est à remarquer que J. Heynlin a compté le
millésime de son second priorat suivant le style
nouveau, c'est-à-dire l'année commençant le 1er janvier, et non à Pâques, comme ses prédécesseurs
l'avaient fait jusque-là, et ainsi que lui-même l'avait
pratiqué pour son premier priorat qu'il avait daté
du 25 mars 1467 au lieu de 1468. En effet, Ziger, le
prieur élu le 25 mars 1469 (n. st.), avait écrit
25 mars 1468 (a. st.). J. Heynlin qui lui succéda, s'il
avait voulu suivre la règle admise alors généralement en France, aurait dû écrire *25 mars 1469*,
tandis qu'il a écrit 1470, ainsi qu'on vient de le voir.
Et, chose singulière, tous les prieurs élus depuis
lors ont conservé ce mode de compter, et quelques-
uns n'ont même pas pris la précaution de changer
le millésime au 1er janvier qui a suivi leur élection !
C'est ainsi que Jean Roger, successeur de
J. Heynlin, après avoir daté le commencement de
son priorat du 25 mars 1471 (n. st.), a compté le mois
de janvier suivant dans l'année 1471 ! De telle sorte

que, si on n'y prend garde, on risque de s'embrouiller complètement dans l'ordre chronologique.

Nous croyons devoir relever ce fait très curieux pour montrer à quelle attention on est tenu en consultant les documents de cette époque.

En 1470, J. Heynlin ne donna pas sa démission comme en 1468 ; après avoir rempli ses fonctions de prieur pendant l'année réglementaire, il fut remplacé, le 25 mars 1471 et élu, le même jour, bibliothécaire de la Sorbonne, suivant l'usage qui réglait ainsi généralement le passage d'une charge à l'autre. Il est probable qu'il conserva cette fois ses fonctions de prieur, afin de fortifier sa situation dans la maison de Sorbonne et de pouvoir protéger plus efficacement l'atelier typographique créé par lui et G. Fichet, atelier que nous verrons en pleine activité, précisément à la fin de 1470. Le mauvais état de sa vue était le même qu'en 1468, car il obtint, le 14 avril 1470, quelques jours après son élection — ses procès-verbaux en font foi — de se faire suppléer par son confrère Chenart dans les lectures religieuses faites à haute voix ; mais le prétexte dont il s'était servi en 1468 pour motiver sa démission devait disparaître devant l'avantage qu'il pouvait retirer de sa situation comme prieur, pour mener à bien sa libérale entreprise.

Les procès-verbaux du second priorat de J. Heynlin occupent trois pages du *Registre des prieurs,* folios 61 à 62 inclusivement ; ils ne sont

pas signés comme les premiers et ne mentionnent
que des menus détails d'administration.

Quoi qu'il en soit, la science, la haute valeur
intellectuelle de J. Heynlin lui avait créé une situation distinguée dans la maison de Sorbonne.
Trithème a fait de lui le plus brillant éloge. « Jean
« de Lapierre, dit cet auteur, était très érudit dans
« les saintes Écritures et la littérature séculière ; il
« possédait un esprit fin et ingénieux ; il était élo-
« quent, brillant dans sa conversation et distingué
« de manières ; parvenu au grade de maître de la
« faculté des arts de l'Université de Paris, il passa
« plusieurs années dans cette faculté, enseignant
« l'étude des lettres sacrées, lisant et disputant
« avec une active persévérance ; enfin il mérita le
« titre de docteur dans l'école de théologie. »

Trithème rappelle que J. Heynlin eut pour dis-
ciples le marquis de Bade, son compatriote, devenu
évêque d'Utrecht, et Jean Reuchlin, le savant et
célèbre latiniste allemand. Le même auteur dit que
J. Heynlin composa un grand nombre d'ouvrages
dont il ne cite que les suivants :

1. *Introductorium grammaticæ.* — 2. *Dialogus de
arte punctandi.* — 3. *De propositionibus exponibilibus.*
— 4. *De arte soluendi sophisticas argumentationes.* —
5. *Explanatio omnium librorum Logicæ Aristotelis.*
— 6. *Explanatio omnium librorum Physicæ ejusdem.*
— 7. *De his quæ ad dignum sacerdotem pertinent.* —
8. *Resolutorium dubiorum et periculorum circa
Missam occurrentium.* — 9. *Summarium passionis*

Domini. — 10. *De ascensione Domini;* des sermons, discours et lettres, etc., etc. (1).

Il faut citer aussi une dissertation, publiée dans les dernières années du xve siècle par J. Heynlin, sur le fameux aérolithe, du poids de 300 livres, tombé à Ensisheim le 7 novembre 1492, dissertation intitulée : *Conclusiones aut propositiones physicales.* M. Madden signale que le *Resolutorium dubiorum,* etc., eut au moins vingt éditions pendant les neuf dernières années du xve siècle, tandis qu'on n'en connaît guère qu'une seule des *Conclusiones,* etc., que notre siècle imprimerait plutôt dix fois qu'une (2).

Mais il n'y avait pas seulement un savant chez le sorboniste allemand, il y avait encore un bibliophile émérite. Nous savons par les *Chroniques de Bâle* (3) qu'il s'était formé une riche bibliothèque d'incunables, au nombre de DEUX CENT TRENTE-TROIS volumes, reliés et *soigneusement préparés,* et de CINQUANTE autres volumes non reliés, le tout estimé 1,000 écus d'or, dit le *Livre des Bienfaiteurs.* Les *Chroniques de Bâle* le représentent comme un bibliophile délicat, prenant un soin inouï de ses livres, et surtout n'oubliant jamais d'envoyer à la Chartreuse de Bâle un exemplaire des volumes à la

____

(1) *Œuvres* de Trithème, *Catalogus illustrium virorum;* in-folio publié à Francfort en 1605, p. 169.

(2) M. Madden, *Lettres d'un Bibliographe;* Paris, 1878.

(3) *Basler Croniken,* etc., publié par la Société historique de Bâle; premier volume, par MM. Guillaume Virscher et Alfred Stern, avec la collaboration de M. Maurice Heine. Leipzig, S. Hirzel, 1872. — V. *Continuatio chronicorum Carthusiæ in Basilea minori,* etc., chap. II, p. 231 et chap. IV, p. 342.

publication desquels nous le verrons bientôt prêter
son aide et ses lumières. Ce dernier fait explique
comment la Bibliothèque de Bâle possède aujour-
d'hui une riche collection d'incunables provenant
soit de la bibliothèque particulière de J. Heynlin,
soit des dons faits par ce dernier: collection que
met en ordre M. le docteur Sieber pour en publier
la description.

CHAPITRE III

Guillaume Fichet professait pour J. Heynlin une sincère admiration ; tous deux obéissaient aux mêmes tendances littéraires, étaient animés d'un égal amour pour le beau dans les œuvres de l'esprit.

On ne peut douter que, dès les premiers temps de l'imprimerie, la France n'ait été un marché constamment ouvert aux produits de l'art nouveau. G. Fichet, dans une lettre adressée à J. Heynlin, en date du 7 mars 1472, parle des nombreux ouvrages de Cicéron, colportés à Tours par les *librarii* étrangers « que nous appelons, dit-il, *imprimeurs* ». Ce qui indique que depuis Fust et Schoiffher le commerce des livres imprimés avait continué à se faire en France.

La vue de ces produits typographiques, objet de la faveur toujours croissante des lettrés, l'exemple donné successivement par différentes villes étrangères où des imprimeries étaient installées, inspirèrent sans doute à J. Heynlin et à G. Fichet la louable et haute ambition de doter aussi la capitale de la France d'une institution dont l'esprit humain devait retirer de si grands profits.

Mais auquel des deux faut-il attribuer la première part dans l'initiative de cet acte important? Plusieurs auteurs, anciens ou modernes, ont accordé à G. Fichet et à J. Heynlin une part égale dans les actes préliminaires de l'établissement du premier atelier typographique de Paris. Ainsi, dans l'*Histoire de Paris* de Félibien, il est dit que l'initiative fut prise par « G. Fichet Savoiard et Jean Heynlin, deux docteurs illustres de leur temps (1). » La même opinion est exprimée par Duvernet (2), qui ajoute : « Le nom de ces deux théologiens doit être cité avec honneur tant qu'il y aura en France des âmes reconnaissantes. »

MM. A. Bernard et Franklin, parmi les auteurs modernes, confondent aussi l'action de nos deux sorbonistes.

D'autres ont attribué à l'initiative unique de

(1) *Histoire de la ville de Paris*, par don Michel Félibien; Paris, 1725. Voy. vol. II, p. 861.

(2) *Histoire de la Sorbonne*, par l'abbé Duvernet; 2 vol. in-8, Paris, 1790. — Voy. vol. II, p. 222 et suivantes. Cet ouvrage, il faut le dire, ne peut être consulté qu'avec beaucoup de précautions, l'auteur étant animé d'un esprit systématiquement hostile au passé de la Sorbonne. Duvernet était un prêtre défroqué.

G. Fichet ou de J. Heynlin la création de la première imprimerie parisienne. Casimir Oudin en rapporte l'honneur à J. Heynlin seul (1). Plusieurs n'ont attribué cet honneur qu'à G. Fichet et n'ont pas cité J. Heynlin, soit dans des travaux spéciaux, soit dans des éloges en prose ou en vers — car l'établissement de la typographie à Paris a été chanté aussi dans des poèmes (2).

On doit écarter la version des auteurs ayant oublié l'un ou l'autre de nos deux professeurs, cet oubli constituant une erreur évidente. Quant à la version des autres écrivains qui ont attribué à G. Fichet et à J. Heynlin une action égale, absolument commune dans la création du premier atelier typographique parisien, il faut avouer que, se rapprochant de la vérité, elle a pu prévaloir naturellement dans l'esprit de la plupart des commentateurs qui ne se sont attachés qu'au fait général sans vouloir entrer dans le détail des circonstances déterminantes.

Mais nous, que la nature même de notre étude force à être plus précis, nous devons chercher à procurer à chacun la part exacte qui lui revient.

Sans doute, G. Fichet et J. Heynlin se sont accordés pour combiner l'action glorieuse dont la postérité leur doit tenir compte; néanmoins, comme

______

(1) *Commentarius de scriptoribus ecclesiæ, etc.;* Lipsiæ, 1722, tome III, col. 2753. Cité par Wolfius, tome II, p. 890.

(2) Voy. dans les *Mélanges sur l'imprimerie,* vol. in-4, de la Bibliothèque du Palais-Bourbon, à Paris, le poème intitulé *Typographia,* où G. Fichet seul est cité.

l'idée n'en a pu naître simultanément dans les deux esprits, nous devons chercher auquel des deux il faut en attribuer la priorité. L'idée première d'établir une imprimerie à Paris doit revenir à J. Heynlin.

En effet, notre sorboniste, suivant l'opinion de M. le docteur Sieber, à qui on peut s'en rapporter, habita Mayence avant de venir à Paris, et à l'époque où l'imprimerie était déjà installée dans cette ville. Le savant bibliothécaire de Bâle a constaté que J. Heynlin possédait de magnifiques échantillons des volumes ornés d'initiales peintes en or et en couleurs, provenant des presses de Fust et de Schoiffher; il avait aussi trois volumes attribués à Gutenberg: tous se trouvent aujourd'hui dans la Bibliothèque de Bâle, chacun avec son origine bien déterminée. M. Sieber tire de ce fait la conséquence que J. Heynlin s'était procuré ces volumes à Mayence même, et il va jusqu'à supposer que le futur sorboniste fut employé comme correcteur dans l'atelier de Fust et de Schoiffher.

J. Heynlin avait donc pu de bonne heure apprécier exactement la valeur des nouveaux procédés d'impression, et sans doute il en entretint plus d'une fois son ami G. Fichet durant son premier séjour en Sorbonne. Mais il quitta Paris en 1463, ainsi qu'on l'a vu, et il n'y revint qu'en 1467. Ce ne fut que pendant son second séjour en Sorbonne qu'il mûrit, avec G. Fichet, l'idée de doter d'un atelier typographique la capitale de la France.

Au résumé, si de l'ensemble des documents originaux se rapportant à cette question, si des faits spéciaux qui se dégagent de ces documents, il résulte que l'idée première de l'introduction de l'imprimerie à Paris doit être attribuée à J. Heynlin, il est non moins certain que la mise à exécution de cette idée fut préparée d'un commun accord par J. Heynlin et G. Fichet.

Voilà, croyons-nous, la vérité.

Pendant qu'il était à Bâle, c'est-à-dire de 1463 à 1467, J. Heynlin ne laissa donc pas de s'occuper des progrès de l'art typographique. M. Sieber, que nous devons toujours citer pour élucider cette partie de notre étude, pense qu'un atelier typographique existait à Bâle vers 1460. Cette ville était déjà à cette époque un centre intellectuel important, et le nouvel art, dont le berceau était une région peu éloignée, s'y implanta bien vite.

Il est vrai que le premier volume daté sorti des presses bâloises, est de 1474. Mais on sait qu'à l'origine de l'imprimerie plusieurs des ateliers typographiques, installés successivement dans différentes villes, ne mirent aucune indication de lieu ni de date sur les premiers volumes qu'ils éditèrent ; c'est ainsi, on ne l'ignore pas, que bien avant de prendre cette précaution, Gutenberg et Fust imprimèrent une Bible. Le même fait s'est produit à Bâle, et Berthold Ruppel, de Hanau, a imprimé plusieurs ouvrages sans date, entre autres un

Moralia in Job qui se trouve à la Bibliothèque Nationale, et sur lequel on lit une note manuscrite indiquant qu'il a été acheté en 1468 par J. de Vergers, prêtre de l'église de Saint-Hilaire de Mayence. On est donc en droit de supposer justement que J. Heynlin, pendant son séjour à Bâle, ne manqua pas de s'occuper avec intérêt des travaux typographiques qui s'y accomplissaient. La suite de ce récit fournira même une preuve de la justesse de cette supposition.

Notre sorboniste allemand était de retour à Paris. Ce qu'il avait vu à Mayence, il y avait déjà quelques années, ce qu'il venait de voir à Bâle, ne pouvait que l'exciter à faire profiter du nouveau moteur intellectuel la ville où il avait trouvé jadis et où il trouvait de nouveau une si complète hospitalité. Mais par quelles phases successives passa, avant d'être mis à exécution, le dessein qu'il avait conçu et pour la réalisation duquel il trouvait en G. Fichet un collaborateur sans doute enthousiaste? Nul ne saurait le dire, car aucun document ne le rapporte : on se trouve ici en face d'un mutisme absolu !

Nous avons fouillé les registres provenant de la Sorbonne, du moins tous ceux que nous avons pu découvrir dans les collections publiques de Paris, et pas un seul ne nous a procuré la satisfaction d'y rencontrer le moindre renseignement à ce sujet !

Chose singulière, Du Boulay, dans son *Histoire de l'Université de Paris,* non seulement reste silen-

cieux sur la part que prirent G. Fichet et J. Heynlin
à l'établissement du premier atelier typographique
parisien, mais encore il se tait sur l'existence de
cet atelier, et ne cite que les établissements qui lui
furent postérieurs (1).

M. Franklin, dans son étude sur la Sorbonne,
avoue aussi que les recherches les plus minu-
tieuses qu'il a faites à cet égard dans les procès-
verbaux des séances tenues par les docteurs entre
1469 et 1471, ne lui ont donné aucun résultat.

Et cependant J. Heynlin et G. Fichet obtinrent
en principe de leurs collègues l'autorisation d'abri-
ter sous le toit même de la Sorbonne l'atelier qu'ils
projetaient de créer. Il est présumable qu'une
pareille décision occasionna de nombreuses dis-
cussions au sein de la communauté. Pourquoi le
Registre original des prieurs, entre autres, est-il
resté muet sur une question aussi intéressante,
tandis qu'il constate le moindre changement de
chambre ou de cellule demandé par les élèves ou les
maîtres? On éprouve, il faut le dire, une douloureuse
surprise lorsqu'en parcourant ces pages, sur lesquelles les prieurs ont inscrit les actes les plus
insignifiants de l'administration intérieure de la
maison, on remarque que pas une ligne n'est con-

(1) Les erreurs se perpétuent avec une telle persistance, qu'on a
pu lire, dans le *Journal Officiel* du 3 janvier 1878, une notice où il
est dit que « dès 1473 la *première* imprimerie parisienne avait été
établie rue Saint-Jacques par les frères Gœring (*sic*), à l'enseigne du
Soleil d'or. » Il s'agit là du *deuxième* atelier ayant succédé à celui
de G. Fichet et de J. Heynlin, qui fut le *premier*.

sacrée à un fait aussi important que celui de l'installation de l'atelier typographique dans les bâtiments même du collège, à cet acte qui contribuera, plus que toutes les disputes scolastiques imaginables, à perpétuer la mémoire de la Sorbonne dans l'esprit des amis des sciences et des lettres!

J. Heynlin lui-même, prieur du 25 mars 1470 au 25 mars 1471, s'est tu absolument, dans ses procès-verbaux, sur son œuvre glorieuse!

Ce silence général indique-t-il qu'une opposition sourde, latente, a été faite à l'institution projetée; ou bien, est-il la conséquence d'une prudente réserve résultant d'un doute sur la réussite de l'entreprise, ou de la crainte d'une guerre avec les copistes?

Le plus sage est de penser que l'opposition, d'un côté, le doute, de l'autre, ont contribué à ensevelir dans un oubli regrettable les préliminaires d'installation, qu'il serait si intéressant de connaître, d'un art auquel la capitale de la France devait être redevable en partie de son titre incontestable de reine du monde pour l'intelligence.

Plus tard, après que l'imprimerie, tout en étant maudite par quelques-uns, eut conquis brillamment sa place dans le monde, les sorbonistes n'hésitèrent pas à proclamer la gloire qui revenait à leurs deux anciens confrères pour avoir doté Paris et la France de l'art civilisateur par excellence. C'est ainsi que Chevillier, sorboniste lui-même et bibliothécaire de la maison, s'écrie à la fin du XVIIe siècle,

dans son étude sur l'*Origine de l'Imprimerie de Paris*
(1694), en parlant de J. Heynlin et de G. Fichet :
« Ce sont là les illustres Autheurs de l'Imprimerie
« de Paris dont le premier établissement est dû au
« sage dessein qui en fut projeté et concerté dans
« la maison de Sorbonne, entre ces deux sçavants
« hommes, les premiers et les plus considérables
« de ce Collège, dans la vüe d'un grand avantage
« pour les gens de Lettres, et pour les Écholiers de
« l'Université. »

J. Heynlin et G. Fichet obtinrent en 1470 l'autorisation d'établir leur atelier typographique dans
les bâtiments de la Sorbonne.

On sait que dans cette même année, J. Heynlin
était prieur de la maison, situation qu'il utilisa
sans doute en faveur de son entreprise ; il n'est pas
inutile de rappeler qu'en même temps que J. Heynlin était nommé prieur, le 25 mars 1470, G. Fichet
était maintenu dans la charge de bibliothécaire
qu'il avait déjà exercée en 1469 ; c'était là une
exception à la règle, et qui fut probablement pro-
voquée par les deux amis dans le but de s'assurer
le plus possible les issues de la maison pour y
faire entrer l'imprimerie.

Mais il s'agissait de se procurer les ouvriers
typographes. Ce fut J. Heynlin qui naturellement
se chargea de cette dernière et importante mis-
sion, J. Heynlin, qui avait déjà vu fonctionner
les presses de Mayence et de Bâle, et savait mieux
que G. Fichet où il fallait s'adresser pour trouver

sinon un outillage, du moins les bras pour le préparer et le mettre en œuvre.

Où écrivit-il? A Bâle, où sans doute il avait connu plusieurs typographes pendant son séjour dans cette ville.

Ce fut de Bâle que, sur son appel, trois ouvriers arrivèrent à Paris. Les noms de ces trois hommes resteront liés à ceux de J. Heynlin et de G. Fichet pour avoir accompli de concert une œuvre glorieuse: ces trois prototypographes parisiens furent Ulrich Gering, Michel Friburger et Martin Crantz ou Kranz.

Grâce encore aux communications de M. Sieber et aux travaux de deux auteurs suisses, M. Estermann et M. Aebi (1), nous pouvons donner quelques notes précises et nouvelles sur nos prototypographes. Ulrich Gering, considéré jusqu'ici comme un simple compositeur typographe, était un de ces étudiants qui menaient de front les études littéraires et la typographie. Sa famille était de Munster, dans le canton de Lucerne (Suisse), famille très nombreuse, disent MM. Estermann (2) et Aebi (3), et qu'on nommait aussi *Gérung* (4).

Tous les bibliographes suisses qui ont parlé de

(1) *Die Sehenswürdigkeiten von Bero-Munster*, etc., par M. Estermann, in-8; Lucerne, 1878.

Die Buchdruckerei zu Buromünster, etc., par M. J.-L. Aebi, in-8; Einsiedeln, 1870.

(2) Ouv. cité, p. 79 et 80.

(3) Ouv. cité, p. 32.

(4) Comme tous ses contemporains, U. Gering a vu son nom écrit en France de différentes manières : *Gering, Gerinx, Guerning,*

U. Gering le font naître à Munster, qui faisait partie du diocèse de Constance, et c'est ce qui explique
pourquoi lui-même s'est donné le qualificatif de
constantiensis à plusieurs reprises, comme G. Fichet
s'est appelé en Sorbonne *socius gebennensis*, et
J. Heynlin *alemanus diocesis spirensis*.

Ulrich Gering, suivant les renseignements
recueillis par M. Sieber, fut inscrit comme étudiant
à l'Université de Bâle, sous le rectorat de Pierre
zem Luft, en 1461, et au commencement de l'été.
Il prit le grade de bachelier ès-arts en 1467, sous le
décanat de Théobald de Tann, de la faculté des
Arts, et ce fut *in viâ antiquâ*, c'est-à-dire comme
adepte du *réalisme* professé à Bâle par J. Heynlin. Il ne prit pas d'autre grade universitaire à
Bâle, et il est le seul de son nom inscrit sur le registre matricule de l'Université bâloise. L'identité de
l'étudiant de 1461 et du bachelier de 1467, dit
M. Sieber, ne peut être mise en doute.

U. Gering s'appela plus tard maître ès-arts,
magister artium liberalium; il se pourrait qu'il eût
pris ce grade à l'Université de Paris.

Ce fut pendant son séjour à Bâle qu'il s'occupa
de travaux typographiques, qu'il se voua à cet art
dont il devait avoir l'honneur d'être le premier
maître en France. Ce fut là que le connut J. Heynlin, dont il suivit probablement les leçons.

Guernich, et même *Guérin, Guarin*, etc. Il semble toutefois avoir
échappé à la traduction latine que son prénom seul aurait subie avec
quelques variantes : *Ulricus, Udalricus, Uldericus.*

On a conservé deux portraits d'Ulrich Gering. Le premier est connu depuis longtemps et a été cité par de La Caille (1) et Chevillier (2).

Ce dernier dit qu'il se trouvait dans un tableau de plus de huit pieds de hauteur et d'une largeur à peu près égale, contenant les portraits de vingt bienfaiteurs du collège de Montaigu, et pendu sur les murs de la chapelle dite *haute* de ce collège. Ce portrait était accompagné d'une inscription rappelant les dons faits à cet établissement par U. Gering et dont le collège jouit dès 1510, année de la mort du célèbre typographe. Cette inscription était ainsi conçue, d'après Chevillier et de La Caille :

Uldericus Gernich (sic) *natione Germanus unus ex primis Typographis, qui adhuc vivus multas eleemosynas hujus domùs pauperibus erogaverat, tandem suo Testamento legavit ipsi Pauperum communitati, anno Domini 1510 (3), mediam suorum bonorum partem, et debitorum tertiam; ex quâ pecuniâ empta est villa d'Annet, sita juxta flurium Matronam. Emptæ sunt quoque domus de Vezeley, quæ pars est hujus Collegii protensa a mediâ Arcæ parte ad Collegium Divi Michaelis, unde usque et ædificatæ sunt grammaticorum classes.*

Le tableau des bienfaiteurs n'existe plus; il a disparu probablement pendant la Révolution;

(1) *Histoire de l'Imprimerie et de la Librairie,* etc., p. 59.

(2) *Origines de l'Imprimerie de Paris,* etc., p. 89.

(3) L'année 1510 est celle où mourut Gering, qui avait fait son testament en 1504. L'auteur de l'inscription a voulu citer l'année où les legs de Gering eurent leur effet par suite du décès de leur auteur.

Portrait de U. Gering, publié par La Caille.

quant au portrait gravé, il se trouve dans quelques exemplaires presque introuvables de La Caille (1); un de ces exemplaires était possédé par le bibliographe Singer, qui vivait à Londres au commencement de ce siècle. La première reproduction de ce portrait a été donnée par M. Parr Greswell, dans ses *Annals of parisian Typography*, publiées à Londres en 1818, et d'après la gravure possédée par Singer. Le *Magasin pittoresque* en a publié une réduction dans l'année 1849 (2), et enfin M. Madden l'a fait entrer dans son *Album* accompagnant la cinquième série de ses *Lettres d'un Bibliographe*, publiée à Paris en 1878.

Le graveur de M. Madden, M. A. Pilinski, a toutefois modifié l'œuvre originale en plaçant dans l'intérieur du cadre l'inscription qui se trouve au bas du portrait reproduit par Greswell. C'est ce dernier que nous plaçons sous les yeux de nos lecteurs, comme conforme à la gravure primitive de La Caille. U. Gering est représenté dans un âge relativement avancé.

Le deuxième portrait du prototypographe de Paris est resté complètement inconnu en France jusqu'ici. Il est aujourd'hui dans la Bibliothèque de Lucerne et a été reproduit par M. Aebi, dans son travail cité plus haut, et d'après une restitution faite par un artiste suisse, M. J. Amrheim, de

(1) Voy. Brunet, *Manuel du Libraire*, 1862, tome III, 1ʳᵉ partie, col. 724.

(2) *Magasin pittoresque*, 1849, p. 56.

Gunzwil; le tableau original est peint à l'huile, assez grossièrement, par un peintre du nom de Félix Balthasar, qui l'aurait copié sur une gravure existant dans la chapelle de la Sorbonne, à une époque qu'on ne détermine pas. U. Gering est représenté à mi-corps, les mains jointes, dans l'attitude de la prière, à un âge peu avancé et dans un costume du temps qui rappellerait le costume des étudiants suisses.

Comment ce portrait se trouve-t-il à Lucerne? Nous l'ignorons. La gravure sur cuivre, si elle a existé, a disparu depuis bien longtemps, car aucun des auteurs qui ont écrit sur U. Gering ne la cite. Nous avons fait des recherches dans l'église et la sacristie de la Sorbonne, dans la bibliothèque de l'Université et la riche collection d'estampes de la Bibliothèque Nationale, sans pouvoir découvrir la moindre trace de ce portrait.

M. Aebi, en le reproduisant, ajoute comme détail intéressant que l'inscription suivante y est jointe :

« *Ce collège de Sorbonne pour le grand legs testamentaire qu'il a accepté et reçu, à lui fait par feu de bonne mémoire Maître Ulrich Gering, en son vivant imprimeur de livres en cette ville de Paris, où il trépassa le 23 août 1510, est tenu et obligé de mettre et entretenir audit collège aux dépens d'iceluy par chacun an à toujoûrs, quatre Bourses et Boursiers, de la qualité d'autres jadis fondez par Maître Robert de Sorbonne (sic), et outre le nombre d'iceluy. Item, plus de mettre et entretenir audit collège, deux Docteurs ou Licentiez en Théologie, qui seront tenus chacun jour ordinairement à toujours, lire publiquement ès-Ecoles dudit Collège la Sainte Bible, l'un le matin du vieil Testament, l'autre après midi du nouvel.*

Cette inscription est la reproduction exacte, moins quelques lignes de la fin, de celle qui existait, au dire de Chevillier, au-dessus de la petite porte de l'église actuelle de la Sorbonne ouvrant sur la cour, et dont cet auteur donne le texte complet (1). Cette inscription, destinée à rappeler le legs de U. Gering à la Sorbonne, était gravée sur une plaque de cuivre; elle a disparu probablement pendant la période révolutionnaire de la fin du siècle dernier, en même temps sans doute que le tableau du collège Montaigu.

Le portrait de Lucerne ne serait-il point une œuvre de fantaisie au bas de laquelle son auteur aurait placé l'inscription commémorative? Cela se pourrait, puisque Chevillier, qui signale le portrait du collège Montaigu, ne parle pas de celui de la Sorbonne. Quoi qu'il en soit, que cette œuvre, inconnue jusqu'à ce jour en France, soit authentique ou non, nous la reproduisons à toute bonne fin et en prévision de recherches nouvelles et plus fructueuses que les nôtres.

Le premier collaborateur d'Ulrich Gering, Michel Friburger, dit de *Columbaria,* c'est-à-dire de

______
(1) *Origines de l'Imprimerie de Paris,* p. 90-91.

Portrait de U. Gering,
inconnu jusqu'ici en France,
conservé à Lucerne.

Colmar, était aussi un étudiant de l'Université de Bâle. On le trouve inscrit sur le registre matricule en 1461, la même année que U. Gering, et sous le nom de Michel de *Columbaria*. Il fut reçu bachelier en 1463.

Quant à Martin Crantz ou *Kranz*, on ne le trouve pas inscrit sur les registres de l'Université bâloise, et on n'a point de renseignements précis sur lui jusqu'au moment où il vint à Paris. M. Sieber pense qu'il se pourrait que Crantz fût le fils ou le parent d'un Crantz qui figura dans un procès resté célèbre qu'eut à soutenir Gutenberg contre son associé Fust. Nous devons signaler aussi qu'un auteur suisse, Dörflinger, suppose que la famille de Martin était établie à Munster, et que lui a pu naître dans cette localité. On trouve en effet à Munster, dans des documents contemporains, le nom de *Kranz* dont on a fait *Crantz* (1).

De l'ensemble de ces données, on peut se faire une idée de la distribution des rôles entre nos trois prototypographes de Paris : Gering et Friburger, lettrés, bacheliers ès-arts, devaient avoir en partage la partie intellectuelle de l'entreprise ; Gering en tête, qui, après la disparition de l'atelier de Sorbonne et d'un second qu'il fonda avec ses compagnons, resta seul en titre pendant quelque temps avant de prendre d'autres associés. A Crantz fut

(1) M. Estermann, ouvr. cité, p. 80.

réservée probablement la mise en œuvre du matériel, et peut-être aussi la fonte des caractères.
C'est toutefois l'opinion de M. Sieber, et nous la
partageons volontiers. La tâche dévolue à Crantz
était assez importante pour que son nom ait été
placé souvent au premier rang dans les colophons
des volumes que les trois prototypographes imprimèrent à leur compte, dans le second atelier
typographique parisien.

Telle fut la composition du personnel du premier atelier typographique de Paris et de la France;
c'était modeste comme organisation, on en conviendra; et cependant nous allons voir avec quelle
rapidité les volumes vont sortir de cette presse primitive et des mains de ces trois seuls ouvriers,
sous la direction de J. Heynlin et suivant les conseils de G. Fichet.

CHAPITRE IV

L'atelier typographique, dû à l'initiative de J. Heynlin et G. Fichet, fut donc installé dans les bâtiments de la Sorbonne, *in œdibus Sorbonæ.* Cette installation ne put pas être faite sans beaucoup de peine et de soucis pour les trois prototypographes parisiens, et pour les deux savants sorbonistes qui avaient assumé la responsabilité de l'entreprise. Les premiers furent forcés tout d'abord de construire une presse et de fondre des caractères, car ils n'avaient pu apporter cet outillage avec eux. Les caractères dont ils se servirent leur appartiennent en propre pour la forme ; on ne les retrouve nulle part dans les impressions contemporaines, soit en Allemagne, soit en Suisse. Au reste, chaque imprimeur était alors son propre fondeur.

Quant aux deux promoteurs de l'entreprise, leurs préoccupations ne furent pas moindres sans doute. Ne devaient-ils pas éprouver un certain embarras dans le choix des ouvrages qu'ils présenteraient au public comme échantillons du nouvel art? Il fallait en effet que ces ouvrages fussent dignes de l'approbation générale dans le monde lettré contemporain, afin de consacrer l'entreprise d'une manière irréfutable. Le choix était difficile.

Mais quand l'atelier de Sorbonne commença-t-il à fonctionner, et quels furent les ouvrages qui sortirent les premiers de ses presses? C'est ce que nous allons essayer de déterminer.

Au nombre des livres imprimés par les prototypographes parisiens, quatre peuvent être considérés comme étant sortis les premiers de l'atelier de la Sorbonne. Le premier est un volume intitulé : *Gasparini pergamensis clarissimi oratoris epistolarum liber;* le second est un *Salluste,* contenant la *Conjuration de Catilina* et la *Guerre de Jugurtha;* le troisième est habituellement désigné sous ce titre : *Bessarionis episcopi sabinensis Niceni et Patriarcha constantinopolitani, Orationes de bello Turcis inferendo;* le quatrième enfin n'a pas de titre précis, mais on peut le désigner ainsi : *G. Ficheti Rhetorici, libri III,* soit un traité de rhétorique par G. Fichet.

re intelligā amari! nullū ego modū offi-
ciiſ meiſ/aut amori meo in illū faciā.Sed
ne ab ōnibus te deſertū eſſe iudices! ego
(quern forte in numero amicoꝝ nõ habe-
bas)polliceor tibi operā meā. &(qđ illi
non ſine ſcelere neglexerūt)ego paratus
ſum defenſionē tuam ſuſcipere · Tu uero
admonebis/quibus adiumentis opus tibi
ſit.& ego neꝗ pecunia!neꝗ conſilio tibi
deero · Vale ;

⸿Foelix Iᵽaꝝ Gaſparini finis;

⸿Vt ſol lumen!ſic doctrinam fundiſ in orbem
    Muſarum nutrix/regia pariſiuſ ;
⸿Ninc prope diuinam/tu quā germania nouit
    Artem ſcribendi!ſuſcipe promerita;
⸿Primos ecce libroſ?quos hæc induſtria finxit
    Francorum in terriſ·ædibuſ atꝗ tuiſ;
⸿Michael Vdalricuſ/Martinuſꝗ magiſtri
    Noſ impreſſerunt·ac facient alioſ;

Dernière page des *Epistolæ* de Gasparino, premier livre imprimé
par l'atelier prototypographique de Paris.

Examinons les titres de ces trois incunables.

L'Italien Gasparino Barzizio, de Bergame, jouissait, dès le commencement du xve siècle, d'une grande réputation de grammairien et d'écrivain; il était célèbre surtout pour son style d'une belle latinité, brillant d'un vif éclat au milieu des élucubrations en latin barbare des clercs de cette époque. C'est une de ses œuvres que J. Heynlin et G. Fichet, eux-mêmes excellents latinistes, choisirent pour en faire une de leurs premières publications. Ce choix donne la mesure du bon goût de nos deux savants sorbonistes (1).

En sa qualité d'œuvre littéraire destinée au public, les *Epistolæ* de Gasparino portent avec elles, ainsi qu'on va le voir, toutes les marques d'une priorité certaine sur les ouvrages imprimés en Sorbonne.

Le volume commence par une lettre adressée par G. Fichet à J. Heynlin et qui forme une véritable préface. Voici la traduction de cette lettre :

« Guillaume Fichet, docteur en théologie de « Paris, à Jean de la Pierre, prieur de Sorbonne, « salut.

(1) Nous sommes en désaccord à ce sujet avec quelques légers et naïfs bibliographes tels que l'abbé de Fontenai, qui, dans son *Dictionnaire des Artistes,* etc. (1776), article *Crantz,* s'écrie en parlant des Lettres de Gasparino : « Ce choix seul prouve la barbarie dans laquelle nous étions alors plongés! » Voilà l'inconvénient grave auquel on s'expose en voulant juger un fait sans se reporter à l'époque à laquelle il s'est produit, sans tenir compte du milieu qui l'a vu se produire.

« Vous m'avez envoyé, il y a quelque temps,
« les délicieuses épîtres de Gasparino de Ber=
« game, que non seulement vous avez corrigées
« avec soin, mais que vous avez fait reproduire avec
« une remarquable netteté par vos imprimeurs
« allemands. Gasparino vous doit de la reconnais-
« sance pour les nombreuses veilles que vous avez
« employées à rendre à son œuvre la perfection
« que des altérations lui avaient fait perdre. Tous
« les savants vous doivent une reconnaissance plus
« grande encore, à vous qui, non content de vous
« livrer à l'étude sérieuse des lettres sacrées (ce
« qui rentre dans votre domaine spécial), vous
« appliquez en même temps à rétablir les textes
« des auteurs latins dans toute leur pureté : cette
« œuvre sage est digne de vous, homme d'un mérite
« élevé et d'une science profonde ! De vous qui,
« après avoir dirigé les disputes de la Sorbonne
« d'une manière qui vous a valu des louanges et
« procuré de la gloire, répandez la lumière sur les
« lettres latines que l'ignorance, en notre temps,
« avait rejetées dans l'ombre et les ténèbres.

« Outre les plus graves et nombreuses mésa-
« ventures dont les lettres ont été frappées, il faut
« dire qu'elles semblent avoir été plongées presque
« dans la barbarie par suite des incorrections
« commises par les copistes (1). Aussi n'est-ce pas

(1) A Athènes et à Rome, les auteurs les plus illustres se plai-
gnaient déjà des incorrections des copistes: le mal n'était pas d'époque
récente, sa disparition est un des nombreux bienfaits de l'imprimerie.

« sans la plus grande satisfaction qu'on doit voir
« ce fléau s'éloigner de la cité parisienne, grâce à
« votre sage prévoyance. En effet, les imprimeurs
« *(librarii)* que vous avez fait venir de l'Allemagne
« dans cette ville, reproduisent correctement les
« livres d'après les manuscrits. Vous-même vous
« veillez avec une attention soutenue à ce qu'au-
« cun ouvrage ne soit reproduit par eux avant que
« vous l'ayez corrigé minutieusement en le col-
« lationnant avec le plus grand nombre de ma-
« nuscrits possible.

« Aussi méritez-vous les éloges qu'on trouve dans
« Horatius Flaccus à l'adresse du critique Quinc-
« tilius (1), soit que vous ayez restitué à Gasparino
« sa suave éloquence, soit qu'après avoir inspiré
« le dégoût de la barbarie à la plupart des es-
« prits distingués de cette cité, vous les abreu-
« viez à une source d'éloquence plus douce que
« le miel et qu'ils recherchent chaque jour davan-
« tage.

« En vérité, je puis vous dire sans aucune
« flatterie ce qu'Aristote disait à Platon pour le
« louer : « Votre demeure est le séjour de l'étude

---

(1) Crapelet, dans ses *Études pratiques et littéraires sur la typographie*, fait observer avec raison que de La Caille a traduit faussement par *Quintilien* le nom de *Quintilio* qui se trouve dans la lettre de G. Fichet, et qu'il faut lire *Quinctilio*. Il ne s'agit pas du rhéteur Quintilien ; G. Fichet a voulu faire allusion à ce vers d'Horace :

> Quinctilio si quid recitares : corrige, sodes
> Hoc......

Dans l'ode xxiv de son Livre I, Horace donne des consolations à Virgile sur la mort de *Quinctilius*, leur ami commun.

« et de la science. » — Aimez-moi comme je vous
« aime.

« Écrit à la hàte (1) en Sorbonne par Fichet. »

Après cette lettre-préface viennent les *Lettres*
de Gasparino ; et enfin le volume se termine par
les quatre distiques suivants, placés au bas de la
dernière page, que nous reproduisons en fac-
similé :

Vt sol lumen! sic doctrinam fundis in orbem
    Musarum nutrix, regia parisius ;
Hinc prope diuinam, tu quā germania nouit
    Artem scribendi! suscipe promerita ;
Primos ecce libros? quos hæc industria finxit
    Francorum in terris, ædibus atq3 tuis ;
Michael, Vdalricus, Martinusq3 magistri
    Hos impresserunt, ac facient alios ;

Voici la traduction de ces distiques aussi précieux que la lettre-préface de G. Fichet :

« Comme le soleil répand la lumière, toi, ville
« royale de Paris, nourrice des muses, tu verses la
« science sur le monde.

« Reçois, toi qui en es digne, cet art d'écrire
« presque divin qu'inventa l'Allemagne.

« Voici les premiers livres qu'a produits cette
« industrie sur la terre de France, et dans ta
« propre maison (*de Sorbonne*).

« Les maîtres Michel, Ulrich et Martin les ont
« imprimés et se préparent à en imprimer d'au-
« tres. »

(1) *Velocissima Fichetea manu.*

Après avoir lu ces vers et la lettre-préface de G. Fichet, on ne peut s'empêcher de reconnaître que le volume des *Epistolæ* de Gasparino a été le premier ouvrage imprimé à Paris. Ces mots *primos ecce libros...* qui commencent le troisième distique, ne laissent aucun doute à ce sujet. Voilà *le premier livre* imprimé sur la terre de France! Le second distique, qui est une invocation à Paris, et dans lequel on dit à la ville des lumières qu'elle doit recevoir cet art nouveau d'écrire si digne d'elle, ne marque-t-il pas l'offrande du premier fruit des labeurs de nos trois prototypographes et de leurs protecteurs? Le dernier vers lui-même, en annonçant la publication prochaine d'autres ouvrages déjà sur le chantier, ne donne-t-il pas au volume des *Epistolæ* de Gasparino la consécration de son droit de primogéniture? Il n'est pas jusqu'à la lettre-préface de G. Fichet qui ne vienne fortifier cette opinion. Cette lettre est aussi précieuse parce qu'elle définit d'une manière précise le rôle que chacun de nos deux sorbonistes s'était attribué dans la partie intellectuelle de l'entreprise, et ce qui est plus important, elle permet de fixer, aussi exactement qu'il est possible, la date de l'impression des *Epistolæ* de Gasparino.

En premier lieu, le cri de joie que pousse G. Fichet, non sans un certain courage, à propos de la guerre désormais déclarée contre les copistes, indique en effet que l'impression des *Epistolæ* de Gasparino a été le premier acte public d'hostilité contre ces fléaux destructeurs de la vérité des textes.

D'autre part, notre savant docteur de Sorbonne révèle aussi clairement, sans même qu'il soit besoin de lire entre ses lignes, les rôles que son éminent collègue et lui ont remplis dans la préparation de leur œuvre, et ceux qu'ils entendent se réserver respectivement dans l'exécution.

C'est à J. Heynlin que G. Fichet rapporte l'honneur d'avoir fait venir à Paris les imprimeurs allemands; c'est aussi à J. Heynlin qu'est dévolue la revision des textes sur les manuscrits qu'il débarrassera des altérations commises par les mauvais copistes. Lui, G. Fichet, sera le conseiller, l'appui de J. Heynlin; et celui-ci prouve cette association morale en soumettant son premier travail à l'appréciation et à l'approbation de son collègue; il lui demande même cette lettre-préface pour placer son premier-né sous le parrainage du savant docteur, et afin de bien marquer la part commune qu'ils ont prise tous les deux à la création de l'œuvre.

Mais ces aperçus intéressants qui se dégagent de la lettre-préface de G. Fichet ne l'emportent pas en importance sur ce fait capital pour les études bibliographiques, à savoir qu'elle précise à peu près exactement la date de la publication des *Epistolæ* de Gasparino. En effet, la lettre de G. Fichet commence par cette suscription : *G. Fichet, docteur en théologie de Paris, à Jean de la Pierre, prieur de Sorbonne.* M. Madden, l'auteur qui s'est le plus rapproché de la vérité, s'exprime ainsi :

« De l'adresse de cette lettre, nous pouvons
« déduire la date de l'impression du premier livre
« en France; c'est en 1470 ou 1471 (l'année com-
« mençant le 22 avril 1470 et finissant le 13 avril
« 1471). C'est en effet l'année du second priorat de
« la Pierre. Pendant son premier priorat, en
« 1467 (1), Fichet n'était pas encore docteur, mais
« il était recteur de l'Université. Crapelet et A. Ber-
« nard disent que ce livre a été imprimé au com-
« mencement de 1470; or, c'est précisément à
« partir du 22 avril 1470 qu'il faut placer la date
« de cette impression, c'est-à-dire près de *quatre*
« mois après le commencement de cette année (2). »

M. Madden explique ainsi fort bien pour quels motifs il faut fixer la date de l'impression des *Epistolæ* de Gasparino sous le second priorat de J. Heynlin, ce que Chevillier du reste avait déjà indiqué. Cependant on peut préciser davantage en s'en rapportant, en premier lieu, aux dates exactes du commencement et de la fin du second priorat de J. Heynlin, qui exerça ses fonctions du 25 mars 1470 au 25 mars 1471, en second lieu, en s'aidant de la lettre-préface elle-même placée en tête des *Epistolæ* par G. Fichet. En effet, celui-ci rappelle dans ses éloges que J. Heynlin avait déjà acquis

(1) M. Madden désigne cette année en suivant le vieux style, ce qui donne une fausse date au rectorat de G. Fichet; c'est 1468 qu'il faut lire en nouveau style.

(2) *Lettres d'un Bibliographe*; 1878, p. 153.

de la renommée et de la gloire pour la manière dont il avait dirigé les *disputes* théologiques de la Sorbonne. Or, comme la direction de ces *disputes* appartenait de droit au prieur, il avait fallu que depuis plusieurs mois déjà, à dater du 25 mars 1470, J. Heynlin eût été à même de mériter cette gloire, qu'il eût dirigé un certain nombre de disputes : la lettre dans laquelle G. Fichet lui décerne des éloges à ce propos ne pouvait donc être datée que de la fin de 1470, époque à laquelle ont été imprimées les *Epistolæ* de Gasparino.

Comme déduction intéressante de ces faits, on doit retenir que les trois prototypographes parisiens arrivèrent à Paris à la fin de 1469, ou au commencement de 1470, car il leur fallut plusieurs mois pour préparer leur matériel.

Le deuxième volume imprimé en Sorbonne a été un *Salluste* contenant la *Conjuration de Catilina* et la *Guerre de Jugurtha*.

On lit, en effet, à la fin de ce volume, quatre distiques composés par Erhard Windsberg (1), un des amis et compatriotes des prototypographes

(1) Suivant Chevillier (*Origines de l'Imprimerie*, p. 52), Erhard Windsberg était étudiant en médecine à Paris; il aurait corrigé les épreuves dans l'atelier de Sorbonne; il écrivit plusieurs *epigramma*, soit épîtres en vers, pour les ouvrages édités dans cet atelier. « Il retourna en Allemagne, dit Chevillier, et je retrouve dans le premier livre des épîtres, *Illustrium ad Reuchlinum*, une lettre qu'il écrit à Reuchlin, l'année 1486, où l'on apprend qu'il était docteur en médecine. »

eftfque metu omis italia contremuerat·Illiq
& inde ulq ad noftrã memoriã romani fic ha/
buere·Alia omia uirtuti fuæ pna effe· Cum
gallis p falute'nõ p gloria certare ;
SEd poftq in numidia bellũ confectũ!& Iu
gurthã ninctũ adduci romã nũciatũ eft!mati//
us conful ablens factus eft·& e·. decreta pui//
cia gallia·ifq kal·Ian·magna gloria cõful tri
umphauit·Ex ea tempeftate fpes atq opes ci/
uitatis in illo fitæ funt ;

    ·C·C rifpi S aluftii de bello Iugur-
chino liber fœliciter finit ;

    De morte I ugurthæ difticon ;
Q ui cupif ignotum,Iugurthæ nofcere letum!
T arpeiæ rupif,tuffus ad ima tuit ;

N une parat arma uirofq fit tex maximuf orbif?
H oftibuf antiquif exitium minitanf·
N unc igitur bello ftudeaf genf parifeozum!
C ui martif quondam glozia magna fuit·
E xemplo tibi fint nunc fortia facta uirozum!
Q uæ digne memorat Crifpuf in hoc opere·
A rmigerifq tuif alemannof adnumeref!qui
H of preffere libzof arma futura tibi ;

parisiens ; voici la traduction de ces distiques, que nous reproduisons en fac-similé :

« Maintenant le plus grand roi de la terre prépare et ses armes et ses guerriers, menaçant de la destruction ses éternels ennemis.

« Maintenant donc, peuple de Paris, dont la gloire militaire fut grande autrefois, tu dois étudier l'art de la guerre.

« Que les hauts faits des guerriers, rapportés par Salluste dans son œuvre, te servent d'exemple aujourd'hui.

« Regarde les Allemands comme tes auxiliaires, eux qui impriment des livres qui seront des armes pour toi. »

L'auteur de ces distiques fait allusion aux démêlés incessants de Louis XI avec le duc de Bourgogne Charles le Téméraire. Ce fut vers la fin de janvier 1471 que le roi sortit de Paris pour entreprendre une campagne contre son parent, à qui il avait déclaré la guerre le 3 décembre 1470. De ce jour au 26 janvier 1471, les préparatifs militaires se poursuivirent avec grand bruit. Il est donc présumable que les distiques ci-dessus ont été composés dans ce moment pour être placés à la fin du volume de *Salluste* dont l'impression a pu ainsi être terminée dans le courant de janvier 1471.

Après les *Epistolæ* de Gasparino et le *Salluste*, vient se placer le volume des *Orationes* de Bessarion.

Nous avons dit qu'une liaison intime s'établit entre G. Fichet et le cardinal Bessarion. Celui-ci avait formé le projet de pousser les princes chrétiens à entreprendre une croisade contre les Turcs, dont il craignait une invasion dans l'Europe occidentale. Il avait composé à cet effet un opuscule contenant un pressant appel à la guerre sainte, opuscule qu'il envoya à G. Fichet avec une lettre datée du 13 décembre 1470 (1). Notre docteur prit feu et flammes pour la cause soutenue par le cardinal.

La première préoccupation de G. Fichet fut de faire imprimer par l'atelier typographique de la Sorbonne l'appel à la croisade du prélat romain. Son dessein était d'en distribuer gratuitement un certain nombre d'exemplaires aux rois et princes français et étrangers, ainsi qu'aux plus influents des membres du clergé. Quoi de plus naturel et surtout de plus tentant pour G. Fichet, dans cette occasion, que de se servir du nouvel art comme instrument de propagande et de lui faire faire son coup d'essai dans la capitale de la France?

Mais à quel moment notre docteur fit-il commencerl'impression des *Orationes?* Sur ce point, le *Recueil* des lettres doit nous éclairer.

Lorsque l'opuscule de Bessarion fut imprimé, G. Fichet le distribua comme il avait arrêté de le faire, et accompagna chaque exemplaire d'une

(1) Voir n° III de la 2ᵉ partie du *Recueil* des lettres manuscrites de Fichet et de Bessarion. Bibl. Nat., Réserve Z.

lettre manuscrite à l'adresse du destinataire. Quelques-unes de ces lettres ont été conservées en copies par leur auteur; elles forment la première partie du *Recueil* manuscrit. Il y en a seize en tout. Elles témoignent de l'ardeur avec laquelle G. Fichet s'était fait le champion de la cause défendue par Bessarion, exhortant chaudement les princes européens (car il s'adresse à tous les souverains) à cesser leurs discordes intestines pour courir sus aux Turcs, suppliant les hauts dignitaires de l'Église et les chefs de corporations religieuses d'user de leur influence pour pousser les hommes d'armes à la guerre sainte.

De ces seize lettres, cinq portent la mention du jour et de l'année; neuf, celle du jour seulement, et deux ne mentionnent ni jour ni année. Les cinq premières sont échelonnées du 5 août 1471 au 21 janvier 1472. Ce sont les suivantes : au roi Louis XI, 5 août 1471; aux supérieur et moines chartreux, 2 septembre 1471; aux supérieur et moines de Cluny, 2 octobre 1471; au supérieur des Frères Ermites, 27 décembre 1471; au prince palatin, 21 janvier 1472.

Les neuf lettres ne portant que la mention du jour où elles ont été écrites, s'échelonnent du *31 mars* au *3 septembre,* et sont signées des 31 mars, 20 avril (deux), 24 avril, 31 juillet, 13 août, 2 septembre, 20 septembre et 20 novembre.

Ce nombre de lettres ne représente pas celui des exemplaires envoyés. En effet, G. Fichet annonçait à Bessarion, dans une lettre du 21 MARS 1471 (1), qu'il avait fait distribuer gratuitement, à cette date, *quarante-six* exemplaires des *Orationes*, indication qui a échappé jusqu'à ce jour à tous les bibliographes. Mais telles que sont ces lettres, elles peuvent servir à nous faire trouver la date très approximative de l'impression de cet opuscule.

En effet si, même sans tenir compte de celles qui portent la mention du jour et de l'année, on rapproche les autres de celle du 21 mars 1471, écrite par G. Fichet à Bessarion, on doit reconnaître que toutes ont été écrites dans cette année 1471, à l'exception de celle qui fut adressée au comte palatin; il n'est pas possible d'en retarder la date à l'année suivante, puisque G. Fichet écrit le 21 mars 1471 que déjà à ce jour, l'opuscule avait été distribué au nombre de quarante-six exemplaires. Au surplus, on peut voir dans la lettre destinée à Georges, évêque de Metz, datée du 20 avril, et dans celle qui fut adressée à Romain, prieur majeur des Célestins, en date du 20 septembre (2), que G. Fichet s'excuse de n'avoir pu envoyer plus tôt à ces deux personnages un exemplaire des *Orationes* composées par Bessarion, et que celui-ci lui avait envoyées dans les mois précédents,

---

(1) Cette lettre (n° IX du *Recueil*, 2° partie) ne porte pas de millésime; mais elle ne peut être que de 1471. G. Fichet fait allusion au récit qu'elle contient dans la préface des *Devoirs*, de Cicéron, imprimés l'année suivante en Sorbonne, préface signée du *7 mars* (1472).

(2) Voy. *Recueil* cité, 2° partie, lettres VII et VIII.

in mensibus superioribus, expression dont il ne se serait pas servi s'il avait écrit en 1472, plus d'un an après.

En conséquence, point essentiel à retenir, les *Orationes* ont été imprimées avant le 21 mars 1471, et distribuées à partir du commencement de ce mois. Et comme dernière preuve péremptoire, ajoutons que G. Fichet raconte dans sa lettre en date de ce jour écrite à Bessarion, qu'il s'est rendu le 6 mars auprès de Louis XI, au château d'Amboise, près de Tours, pour lui offrir un exemplaire des *Orationes* et en distribuer aux seigneurs de sa cour. Le roi se trouvait en effet à Tours en mars 1471.

L'exemplaire des *Orationes*, offert au roi par G. Fichet, était manuscrit. Le 31 août suivant, le collaborateur de Bessarion envoya à Louis XI un exemplaire imprimé, en même temps qu'à l'empereur d'Allemagne et au roi d'Angleterre (1).

Les exemplaires offerts à Louis XI et au roi d'Angleterre, tirés sur magnifique vélin, exigèrent un certain temps pour être enluminés avec un luxe exceptionnel; mais il est probable que les souverains de France, d'Allemagne et d'Angleterre reçurent, avant le 31 août, un autre exemplaire de l'opuscule imprimé, puisque dans ses lettres à l'évêque de Pampelune et au duc de Bade, en date du 20 avril, G. Fichet dit qu'il a déjà envoyé des exemplaires

(1) Nous avons retrouvé les traces de ces deux derniers exemplaires, et nous en donnons plus loin la description.

à l'empereur Frédéric et aux rois Louis XI et Édouard IV (1).

Ce qui ne peut être contesté, du reste, c'est que les exemplaires distribués par G. Fichet aux seigneurs de la cour les plus influents, ainsi qu'il l'annonce dans sa lettre du 21 mars, ne pouvaient être que des imprimés.

De toutes les considérations que nous avons développées, il ressort donc bien, nous le répétons, que les *Orationes* ont été imprimées avant le 21 mars 1471.

Des documents que nous avons sous les yeux, il résulte aussi que l'impression du *Traité de Rhétorique* de G. Fichet doit être fixée environ à la même date.

Nous avons vu quelle réputation notre docteur de Sorbonne s'était acquise en enseignant, dans les écoles de Paris, l'art de bien dire, jusqu'à lui si négligé. G. Fichet avait rédigé son cours d'après les préceptes des plus illustres rhéteurs de la Grèce et de l'Italie antiques ; il avait dicté, commenté pendant plusieurs années, ce cours auquel avaient assisté d'innombrables auditeurs, dont quelques-uns, — ceux qui obtinrent une certaine célébrité par leurs propres œuvres, — n'ont pas manqué de chanter les hauts faits du professeur sorboniste.

Quoi de plus compréhensible que G. Fichet,

____

(1) Voy. le *Recueil* cité, Ire partie, lettres VI et VIII.

fier peut-être de ses succès, ait eu la pensée de se servir immédiatement de la presse de Sorbonne pour multiplier les copies de son cours? « On avait répandu, dit Crapelet (1), des copies des leçons de G. Fichet ; mais elles étaient incorrectes et inexactes, comme presque toutes celles que faisaient les scribes à cette époque. G. Fichet profita bientôt du nouveau moyen qu'il avait sous la main pour répandre son ouvrage et lui donner, par sa correction, tout l'avantage qui manquait aux manuscrits. »

Comme il fit pour les *Orationes* de Bessarion, G. Fichet distribua des exemplaires de sa *Rhétorique* aux personnages les plus marquants de la France et de l'étranger, à titre d'hommage personnel, et à chacun de ces destinataires il écrivit une lettre d'envoi. Quelques-unes de ces lettres nous ont été conservées au moyen de tirages à part ou de copies manuscrites, avec lesquels on a formé un petit recueil de dix-huit feuillets numérotés à la main, relié en maroquin bleu, doré sur tranches et portant le cachet de la Sorbonne : il se trouve aujourd'hui à la Bibliothèque Nationale (2). Plusieurs auteurs anciens ont pris ce recueil *factice* pour un recueil de pièces originales, erreur corrigée par plus d'un bibliographe moderne, ce qui n'a pas empêché De Bure de dire, dans sa *Bibliographie*

(1) *Études pratiques et littéraires sur la Typographie*, in-8; Paris, 1837. Voy: tome I (seul publié), p. 7.
(2) Réserve Z, 623.

instructive, que ce recueil formait une espèce de suite à celui qui est joint à l'exemplaire des *Orationes* que nous avons décrit (1). Ces lettres imprimées sont évidemment des tirages à part de celles qui accompagnèrent les exemplaires envoyés aux personnages qui y sont désignés. Les trois premières sont ornées de dentelles marginales en or et en couleurs, ainsi que d'une initiale peinte de la même manière. Ce recueil a dû être formé par G. Fichet lui-même, qui l'a corrigé en plusieurs passages.

Les lettres ainsi conservées sont au nombre de huit : cinq imprimées et trois manuscrites. Les premières sont adressées : 1° au cardinal Bessarion, sans autre indication de date que le millésime 1471 ; 2° au pape Sixte IV, avec la date du 31 août 1471 (2) ; 3° au roi René de Sicile, avec la date du 15 juillet 1471 ; 4° au cardinal Rolin, évêque d'Autun, avec la même date (3) ; 5° à Guillaume Chartier, évêque de Paris, sans mention de jour ni de millésime.

Les trois lettres manuscrites, séparées des autres par trois feuillets blancs, sont adressées :

(1) Voy. *Bibl. instr.*, tome II, B, L, p. 317.

(2) Ces deux premières se trouvent manuscrites dans le grand *Recueil* que nous avons déjà cité souvent.

(3) Dans la souscription de cette lettre, on a sauté le mot *uno* dans l'énumération du millésime, et on a composé : *Aedibus Sorbonæ Idibus Julii scriptum anno septuagesimo et quadringentesimo supra millesimum;* ce qui a fait dire à Chevillier (*Origines de l'Imprimerie de Paris,* p. 45) que la *Rhétorique* de G. Fichet était imprimée en 1470. Il est évident que l'absence du mot *uno* est le résultat d'une faute de composition; ce qui le prouve, ce sont non seulement les

1° à Charles, duc d'Aquitaine, sans aucune date ;
2° à François, duc de Bretagne, avec la date du
13 juillet 1471 ; 3° à Charles, comte du Maine, avec
la date du 1ᵉʳ juillet 1471.

Il faut ajouter qu'un fragment d'une autre lettre
d'envoi de la *Rhétorique* de G. Fichet, et imprimée
sur vélin, existe aussi à la Bibliothèque Nationale(1).
Ce fragment est composé de trois feuillets, et non
de quatre, comme le dit Van Praet ; les premiers
manquent, ce qui laisse ignorer à qui la lettre était
destinée ; mais, à la fin, on lit la date du 22 septembre 1471 et le distique suivant adressé à un
haut personnage :

Iane fichætorum spes unica paxque tuorum *!*
Suscipe guillermi p'inceps pie pignus amoris ;

Ces lettres s'échelonnant du 1ᵉʳ juillet au 22 septembre 1471, il est évident que si nous ne pouvions
appuyer notre raisonnement que sur elles seules,
il ne nous serait pas possible de prouver le bien
fondé de notre thèse sur le rang qu'il faut attribuer
au tirage de la *Rhétorique* de G. Fichet. Mais, heu-
reusement, il existe une autre lettre d'envoi de la
Rhétorique, et qui ne se trouve pas dans le *Recueil
factice,* grâce à laquelle on peut déterminer, aussi

considérations que nous avons développées au sujet de la date de la
création de l'atelier de Sorbonne, mais aussi, et surtout le millésime
des autres lettres d'envoi, particulièrement celui de la lettre-dédicace
à Bessarion qui, ainsi qu'on va le voir, fait connaître qu'elle a été
écrite et imprimée en 1471.
(1) Vélins, n° 2021.

exactement que possible, la date de l'impression du Traité de G. Fichet. Cette lettre a échappé jusqu'ici à un examen sérieux et complet de la part des bibliographes, dont quelques-uns l'ont citée, mais sans lui reconnaître le caractère spécial dont nous allons voir ressortir l'importance.

En homme intelligent et comprenant son époque, G. Fichet ne négligeait point de placer ses travaux sous l'égide des plus hauts personnages de l'Église française, et si, un jour, il écrivit qu'il refusa les présents des princes, il a marqué aussi nettement qu'il acceptait tout de ses supérieurs ecclésiastiques ou de ses pairs (1). Et parmi les dignitaires de la croix, après le cardinal de Bessarion, avant même ses bienfaiteurs Rolin et Chartier, il dut placer au premier rang l'archevêque de Lyon, Charles de Bourbon, prince de l'Église et prince de France, ce dernier titre ne gâtant rien de l'autre (2).

Le cardinal Bessarion et l'archevêque de Lyon furent les premiers à qui G. Fichet offrit sa *Rhétorique;* ce fut pour ainsi dire à eux qu'il la dédia, et ce qui le prouve, c'est que notre docteur fit joindre à plusieurs exemplaires de son ouvrage, placées

(1) Voy. n° X de la 2ᵉ partie du *Recueil* ms. des lettres de Fichet et de Bessarion.

(2) L'archevêque Charles de Bourbon était le troisième des onze enfants laissés par Charles Iᵉʳ de Bourbon; il avait été administrateur du diocèse de Clermont, prieur de la Charité-sur-Loire, abbé de Fleury et de Saint-Vast-d'Arras, avant d'être à Lyon. Il fut nommé cardinal par Sixte IV en 1476. Louis XI l'employa souvent comme négociateur.

avant la préface, les lettres d'envoi adressées à ces deux personnages, tantôt imprimées, tantôt manuscrites.

On trouve ces deux lettres-préface en tête de deux des exemplaires de la Bibliothèque Nationale de Paris, imprimées dans l'un, manuscrites dans l'autre. Elles existaient aussi, mais manuscrites, dans un exemplaire provenant de la Sorbonne même, et qui, après avoir passé dans les collections de Gaignat et de la Vallière, fut acheté par la Bibliothèque Impériale de Vienne, où il est aujourd'hui : ces lettres ont disparu.

Dans l'exemplaire de la Bibliothèque Nationale, contenant les deux lettres imprimées, et qui est celui de Charles de Bourbon lui-même, dont les armes sont peintes sur la première page, on peut voir que la lettre adressée à Bessarion n'est datée que du millésime 1471 et en ces termes : *Aedibus Sorbonæ parisii, scriptum impressumque, anno uno et septuagesimo quadringentesimoque supra millesimum.*

De toutes les impressions de Sorbonne, seuls, l'exemplaire de la *Rhétorique* adressé à Charles de Bourbon et celui qui fut dédié à Bessarion, et que la Bibliothèque de Venise possède, portent le mot *impressumque* : fait intéressant à noter en passant et qui vient même à l'appui de notre thèse.

Mais la lettre qui est adressée à l'archevêque de Lyon, bien que n'ayant pas de millésime, contient cette phrase importante :

dicio‚ſentibus‚uepꝛibus‚ſcopuliſꝗ obductã‚ꝑ
cuitibus meis aperio·❡ Sicubi uero fuerit er-
ratũ·nõ rhetoꝛẽ male adminiſtratæ ſuæ ꝓuinciæ lectoꝛeſ damnabũt·ſed petẽti ueniã theolo
go dabũt facillime·qui cũ alienę ꝓuinciæ amę
nitate allectus‚tum ſuæ miſeratus nationis in
õpiã illã huius cauſa gerendã ſuſcepit incau‚
tioꝛ·pꝛæſertim qui manũ interea uix a docen-
dis ſacris litteris nequaꝗ abſtraxit·❡ Quale
(autẽ)cunꝗ alioꝛ fuerit iudiciũ‚nõ tam ipſe
certum‚ꝗ incertũ habeo·At uero quid tibi de
gratulabunda mea uoluntate‚uel mihi de ſin-
gulati tua beniuolentia ſit iudicaudũ·exploꝛa
tum habeo·Scio te certo quom hæc lectitabis
nõ meos erroꝛes tam acute·ꝗ benigne meã er
ga te fiduciam‚amoꝛemꝗ ſpectatuꝛ·❡ Vale
fons pateꝛꝗ doctrinaꝛ omnium·❡ Aedibus
Soꝛbonæ pariſii ſcriptũ‚impꝛeſſumꝗ anno uno
& ſeptuageſimo ꝗdringenteſimóꝗ ſupꝛa mil‚
leſimum·

Dernière page de la lettre adressée à Bessarion par G. Fichet,
insérée dans la *Rhétorique*, et portant le mot *impressumque*.

PARISII SCRIPTUM ÆDIBUS SORBONÆ PRIDIE KALENDAS APRILES.

C'est-à-dire : *Écrit à Paris, en Sorbonne, le 31 mars.*

Dans l'exemplaire où les deux lettres sont manuscrites, et qui a appartenu à la Sorbonne, dont on y voit le cachet, la même mention existe à la fin de la missive adressée à Charles de Bourbon.

Ainsi, voilà trois exemplaires dont l'un, ayant appartenu à l'archevêque de Lyon, et les deux autres *ayant été conservés dans la Bibliothèque de la Sorbonne,* qui nous donnent, soit imprimée, soit manuscrite, la lettre à l'archevêque de Lyon avec la date du *31 mars*. Il n'y a pas de millésime, à la vérité ; mais est-il nécessaire de faire remarquer que les autres exemplaires désignant le millésime 1471 indiquent d'une manière indiscutable qu'il faut lire *31 mars 1471 ?* Si G. Fichet avait ajouté le millésime, il aurait écrit : *pridie kalendas apriles 1470*, Pâques, en 1471, s'étant trouvé le 14 avril.

L'écriture de celles de ces lettres qui sont manuscrites est incontestablement contemporaine de G. Fichet ; elle est semblable à celle qu'on remarque dans plusieurs autres lettres ou documents se rapportant à cette époque et accompagnant parfois les premières impressions faites en Sorbonne. Aussi Van Praet, en décrivant l'exemplaire de Vienne, qu'il n'avait probablement pas vu, commet-il une erreur lorsqu'il dit, en parlant des deux lettres en question : « Mais ce sont des copies mo-

« dernes prises probablement sur le Recueil factice
« et qui n'ont que ceci de curieux, c'est que l'écri-
« ture imite les caractères des typographes de
« Paris » (*sic*).

Van Praet, ne s'occupant que des ouvrages sur
vélin, a omis de vérifier l'exemplaire sur papier,
aujourd'hui à la Bibliothèque Nationale, et qui était
déjà dans la Bibliothèque Royale lorsque Van Praet
en était le conservateur; en effet, il a été acheté
en 1783, par Gayet de Fansale, conservateur de la
Bibliothèque de Sorbonne, qui a été versée, à la
Révolution, dans notre grande collection nationale. Van Praet aurait pu s'assurer ainsi que
l'écriture des lettres n'était pas *moderne*, et que,
loin d'imiter les caractères des prototypographes
parisiens, elle avait tous les signes de l'écriture
contemporaine des laborieux éditeurs sorbonistes,
ou de celle qui fut propre à leurs copistes.

Au surplus, le fait seul que les trois exemplaires
dans lesquels se trouve la date du *31 mars*, ont
appartenu, l'un, à l'archevêque de Lyon, et les deux
autres, à la Sorbonne, suffit pour prouver que cette
date n'a été ni imprimée après coup, ni écrite à
plaisir, et qu'elle doit exprimer une vérité chronologique absolue.

En conséquence, la *Rhétorique* de G. Fichet
était déjà imprimée le 31 mars 1471.

La distance qui sépare la lettre du 31 mars de
celles qui sont conservées dans le *Recueil factice* et
datées de juillet, août et septembre, n'a rien qui

doive étonner. Il s'est passé, ici encore, pour la *Rhétorique*, ce qui s'est passé pour les *Orationes*. Ces dernières étaient imprimées avant le 21 mars 1471, et cependant nous voyons G. Fichet les distribuer un peu dans tous les mois suivants, et même en 1472.

Nous avons déjà fait remarquer aussi, parlant des *Orationes*, que les lettres d'envoi de cet opuscule, dont on retrouve les traces, sont presque toutes à l'adresse de personnages marquants ; que les exemplaires offerts à ces personnages furent presque tous aussi enluminés plus ou moins richement ; il faut donc tenir grand compte du temps nécessaire à ce travail d'enluminures, exécuté le plus souvent par le même artiste et avant la reliure. L'exemplaire des *Orationes*, offert au roi d'Angleterre, portait de riches illustrations, dont une miniature remarquable ; nous verrons que les exemplaires de la *Rhétorique*, destinés par G. Fichet aux personnages les plus considérables, en juillet, août 1471, étaient aussi luxueusement illustrés. Quoi d'étonnant à ce que la distribution de ces exemplaires ait tardé de trois ou quatre mois ?

Du reste, voici une preuve frappante de ce que nous avançons : Sixte IV n'est monté sur le trône pontifical que le 9 août 1471 ; or, si les enluminures eussent pu être faites si tôt, c'eût été à Paul II que le volume enluminé, destiné au pape et que nous trouverons au British Museum, eût été adressé, puisque la *Rhétorique* était imprimée en mars, ainsi qu'on ne peut en douter. Les enluminures ont été exécutées de mars à août 1471 ; la mort de Paul II étant survenue le 28 juillet, G. Fichet n'a eu qu'à écrire à la main la dédicace à Sixte IV, et à refaire la lettre d'envoi imprimée qu'il data du 31 août.

Il est vrai que dans sa lettre à l'archevêque de Lyon, datée du 31 mars, G. Fichet dit à ce prélat qu'il a déjà envoyé récemment sa *Rhétorique* à Bessarion : *quod illi* (Bess.) *græcæ latinæque sapientiæ fonti non solum dicavi, sed ad illum ipsum dudum Romam etiam misi*. Était-ce l'exemplaire qu'on voit dans la Bibliothèque royale de Saint-Marc à Venise, où il est conservé, et qui est richement enluminé ? Rien ne peut le prouver. On est donc en droit de supposer que G. Fichet fit, pour sa *Rhétorique* transmise à Bessarion, ce qu'il paraît avoir fait pour les *Orationes* envoyées à quelques souverains, à Louis XI notamment, c'est-à-dire qu'allant au plus pressé, il envoya au cardinal un exemplaire de son Traité sans l'orner avec luxe, et qu'il ne lui transmit que plus tard, en même temps qu'à d'autres personnages, l'exemplaire enluminé (1).

Mais à ces considérations suffisamment probantes, on pourrait en ajouter beaucoup d'autres. Nous nous bornerons à celle-ci : au commencement

---

(1) Il faut observer aussi qu'à cette époque les moyens de transport n'étaient pas nombreux, surtout à longue distance. On profitait ordinairement, pour expédier des livres ou autres objets, d'un commissionnaire d'occasion.

de la lettre-dédicace à Bessarion, G. Fichet explique à ce dernier qu'il a reçu une lettre de lui par l'abbé de Saint-Corneille, en pleine agitation guerrière; aussitôt après, *toutes les routes furent interceptées par des soldats farouches;* il laisse entendre que ce fut pendant ce temps de *tempêtes guerrières,* qu'il a revu et mis au net pour l'impression son traité de *Rhétorique;* il exprime la même affirmation dans la péroraison de l'ouvrage. G. Fichet a voulu évidemment parler des troubles du commencement de 1471, auxquels il avait déjà fait une allusion à propos de son entrevue avec Louis XI, à Tours. Ces troubles étaient près de finir au moment où G. Fichet écrivait la dédicace de sa *Rhétorique.*

Ainsi qu'on le voit, tous les ordres de considérations s'accordent pour fixer l'impression de cet ouvrage avant la fin du mois de mars 1471.

Bien plus, on serait peut-être en droit de supposer que la *Rhétorique* a précédé les *Orationes.* Mais comme on ne peut s'appuyer sur des dates absolument certaines, et qu'on doit se borner à raisonner par induction, il est plus sage de dire que l'édition des *Orationes* et celle de la *Rhétorique* sont synchroniques, et que toutes deux ne sont pas postérieures au mois de mars 1471.

Tels sont les motifs et les preuves sur lesquels nous nous fondons pour établir que les *Epistolæ* de Gasparino, le *Salluste,* les *Orationes* de Bessarion et la *Rhétorique* de G. Fichet ont été les quatre pre-

miers ouvrages imprimés dans l'atelier prototypographique de Paris.

*Il nous reste maintenant à déterminer le carac-
tère respectif des quatre volumes.*

Les *Epistolæ* de Gasparino, imprimées pour le
public, premier produit de l'art nouvellement im-
planté au sein de la capitale de la France, contiennent toutes les indications propres à les signaler au
monde lettré. Il fallait frapper un premier coup
avec éclat, et les éditeurs ont choisi l'ouvrage qui
passait à cette époque pour contenir les leçons les
meilleures de latin élégant, seule langue écrite et
même parlée par les érudits. G. Fichet écrit pour
ce volume sa lettre-préface ; on y étale les noms des
prototypographes pour les présenter au public, et
on y place ces mots : *primos ecce libros...* Voilà le
premier livre que le nouvel art a produit à Paris, le
premier ouvrant la série des volumes qui formeront
le produit commercial de l'atelier prototypographique parisien.

Le *Salluste* vient après, et, comme les *Epistolæ*,
il est destiné à la vente. *Salluste* jouissait de la
réputation d'avoir écrit en un style plein de verve,
vigoureux, et les anciens le considéraient comme
un maître écrivain. En le choisissant pour lui faire
suivre les *Epistolæ* de Gasparino, les éditeurs sorbonistes témoignaient de leur goût élevé, et justi-
fiaient leurs préoccupations qui visaient à l'épura-
tion de la langue des érudits.

Les *Epistolæ* et le *Salluste* sont des éditions *prin-*

ceps, faites d'après des manuscrits rèvus par J. Heynlin.

Le caractère des *Orationes* et de la *Rhétorique* n'est point le même que celui des deux précédents. Ces ouvrages n'étaient pas destinés au public. Les *Orationes* formaient une publication toute privée, appartenant en propre à G. Fichet qui voulait distribuer gratuitement l'opuscule du cardinal Bessarion à un certain nombre d'exemplaires : il le dit lui-même. La *Rhétorique* était aussi une publication privée ; elle résumait le cours professé par le savant docteur, qui l'a offerte en don à ses amis et aux personnages les plus en vue. Et c'est pour ces motifs que les *Orationes* et la *Rhétorique* sont les seuls volumes sortis de l'atelier de Sorbonne que nous rencontrerons enrichis de superbes miniatures et de riches enluminures, que des ouvrages faits pour la vente n'auraient pu contenir.

Ces deux volumes ont-ils été imprimés aux frais de G. Fichet, ainsi qu'on l'a prétendu? c'est douteux. Mais ce qu'il faut retenir à l'honneur de notre docteur de Sorbonne, c'est qu'il a été l'auteur du premier ouvrage original imprimé à Paris.

CHAPITRE V

Description des quatre volumes qui ont été imprimés les premiers dans l'atelier prototypographique de Paris. — Les *Epistolæ* de Gasparino; exemplaires connus en France et à l'étranger. — Le volume de *Salluste;* exemplaires connus; celui de la Bibliothèque Nationale, imprimé sur vélin. — Les *Orationes* de Bessarion; exemplaires connus; celui de la Bibliothèque Nationale relié avec les séries des lettres de G. Fichet et de Bessarion; celui de Jacques d'Armagnac: celui du roi d'Angleterre Édouard IV, richement orné et conservé à Rome; celui de l'empereur Frédéric III conservé à Vienne (Autriche); celui du duc de Savoie conservé à Turin.

Nous devons examiner maintenant, en détail, les quatre volumes qui ont ouvert la série des impressions sorties de l'atelier de Sorbonne.

I. — Epistolæ Gasparini. — In-4°.

Les *Epistolæ* de Gasparino, de Bergame, forment un volume in-4°, sans chiffres, réclames ni signatures, sans désignation de lieu ni de date. Ce volume contient cent dix-sept feuillets utiles, d'un papier fort et sonore, le seul qu'on fabriquât à cette

époque. Chaque page a vingt-deux lignes, et c'est
encore là une particularité qu'on a signalée pour
prouver la priorité de ce volume sur tous ceux qui
ont été imprimés en Sorbonne ; les autres in-4° ont
vingt-trois lignes à la page ; on aurait commencé
par le nombre de vingt-deux, et le trouvant peu en
harmonie avec le format, on aurait adopté le nombre
de vingt-trois, qui est resté invariable.

Ce volume porte pour titre :

> Gasparini pergamensis clarissimi orato-
> ris epistolaꝛ liber fœliciter incipit;

Et à la fin :

> Fœlix Epīaꝛ Gasparini finis.

Pour le surplus, nous avons déjà décrit ce
volume dans le chapitre précédent.

La Bibliothèque Nationale, à Paris, possède
deux exemplaires des *Epistolæ* de Gasparino. Le
premier (1) n'est pas un exemplaire de luxe proprement dit ; les enluminures n'offrent rien de
remarquable. La première page seule est ornée
d'une dentelle en couleurs variées sans or, et
encore ce dessin n'occupe-t-il que l'angle gauche
supérieur de la page. La grande lettre initiale du
texte de Gasparino est peinte en or et en couleurs.
Les autres initiales qui se présentent dans le corps
du volume sont simplement peintes en couleur bleue

(1) Réserve Z.

ou rouge. Les alinéas, qui ne sortent pas du texte courant, sont marqués par un *signet;* trois de ces *signets* seulement sont coloriés à l'encre bleue, au trente-deuxième feuillet, entre autres. Tous les *signets* qui marquent les distiques de la fin sont peints en couleur bleue ou rouge alternativement.

On remarque les corrections suivantes faites à la main : à la neuvième ligne de la lettre-préface de G. Fichet, le mot *debent* est écrit après grattage; dans les distiques de la fin, les trois premières lettres du nom de *Vdalricus* sont écrites à la main, aussi après grattage ; les lettres imitent assez bien le caractère fondu, mais elles sont plus espacées entre elles que ne le comporte le corps de la fonte.

Le deuxième exemplaire de la Bibliothèque Nationale (1) est en tout semblable au premier comme texte; il a le même nombre de feuillets imprimés, mais il en compte quatre blancs au commencement et à la fin ; il a les marges moins larges. Il est tiré sur papier marqué à l'*ancre*. Les enluminures de la première page des *Epistolæ* sont plus riches que dans l'autre exemplaire : les quatre marges de la page sont ornées d'une dentelle, peinte en or et en couleurs, qui encadre le texte. Non seulement cet exemplaire a, comme le premier, la grande initiale du commencement du texte de Gasparino peinte en or et en couleurs, mais encore toutes les initiales

(1) Réserve Z.

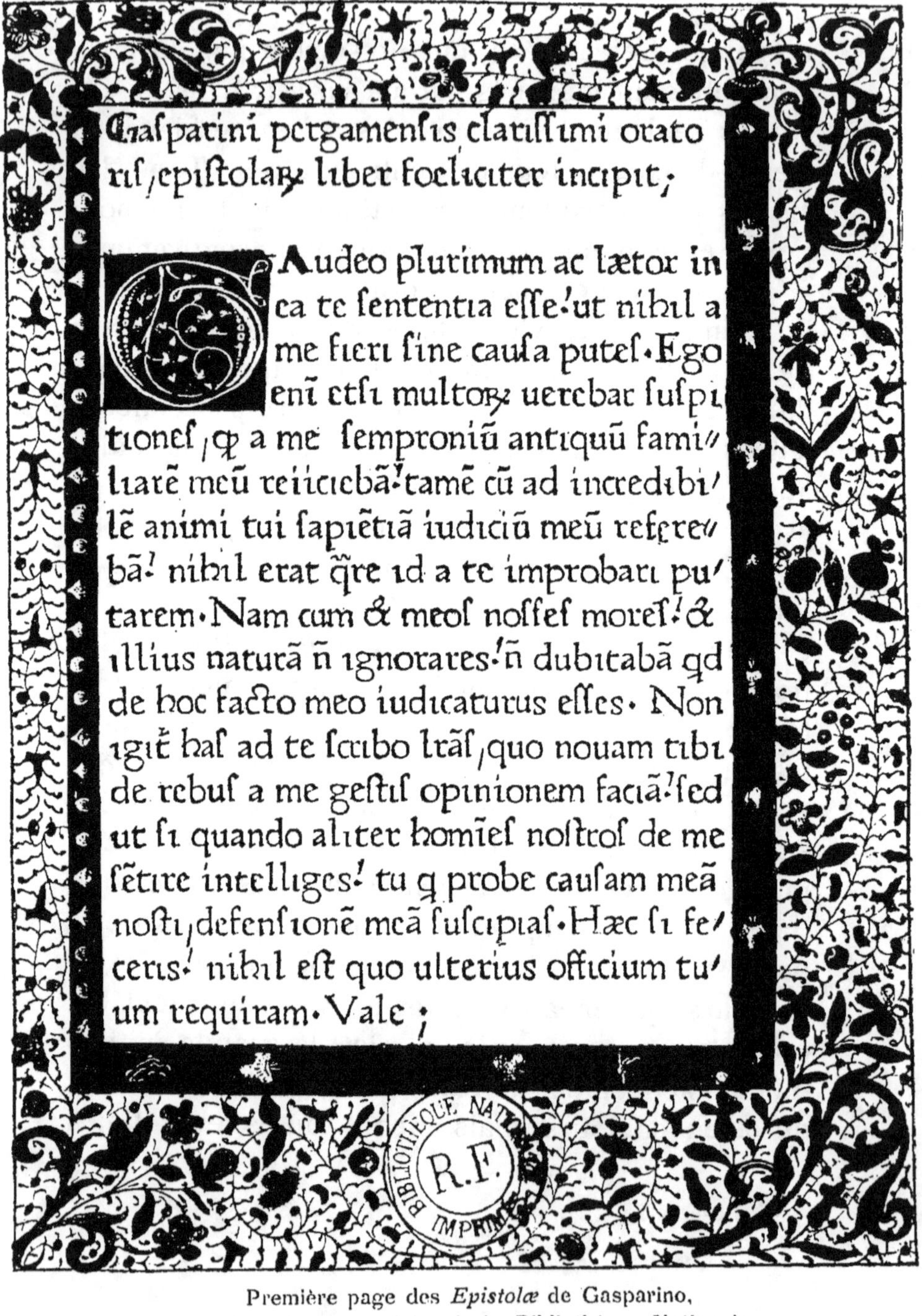

Gaſparini pergamenſis clariſſimi orato
riſ/epiſtolaꝝ liber foeliciter incipit;

Audeo plurimum ac lætor in
ea te ſententia eſſe; ut nihil a
me fieri ſine cauſa puteſ. Ego
enĩ etſi multoꝝ uerebar ſuſpi-
tioneſ/ꝗ a me ſemproniũ antiquũ fami-
liarẽ meũ reiiciebã; tamẽ cũ ad incredibi-
lẽ animi tui ſapiẽtiã iudiciũ meũ referre-
bã; nihil erat ꝙre id a te improbari pu-
tarem. Nam cum & meoſ noſſeſ moreſ; &
illius naturã ñ ignorareſ; ñ dubitabã qd
de hoc facto meo iudicaturus eſſes. Non
igitꝰ haſ ad te ſcribo ltãſ/quo nouam tibi
de rebuſ a me geſtiſ opinionem faciã; ſed
ut ſi quando aliter homĩeſ noſtroſ de me
ſẽtire intelligeſ; tu ꝗ probe cauſam meã
noſti/defenſionẽ meã ſuſcipiaſ. Hæc ſi fe-
ceriſ; nihil eſt quo ulterius officium tu-
um requiram. Vale;

Première page des *Epistolæ* de Gasparino,
extraite d'un exemplaire de la Bibliothèque Nationale.

de tête des *Epistolæ* sont peintes de la même manière. Les capitales de l'intérieur du texte sont marquées en jaune d'un coup de pinceau rapidement donné. Enfin on y remarque les mêmes corrections manuscrites que dans le premier.

Cet exemplaire porte le cachet de la Sorbonne, à qui il a appartenu. Dans une notice écrite sur la feuille de garde, le bibliothécaire Gayet de Fansale, qui a signé *G. Def.*, après avoir rappelé que Chevillier signale l'existence des *Epistolæ* de Gasparino en Sorbonne, ajoute qu'il n'y restait plus de son temps que celui qui nous occupe : exemplaire d'autant plus curieux qu'il n'était jamais sorti de la maison où s'était abrité l'atelier prototypographique parisien.

Le British Museum, de Londres, possède aussi un exemplaire des *Epistolæ* de Gasparino, en tout conforme, nous écrit M. E. A. Roy, à la description que Brunet donne de cet ouvrage. Il existe aussi, dans la Bibliothèque de Bâle, qui a le privilège de posséder la collection des livres et des manuscrits ayant appartenu à J. Heynlin, collection comprenant une des séries les plus complètes qu'on connaisse des impressions de Sorbonne ; J. Heynlin avait légué sa bibliothèque à la Chartreuse de Bâle, et, à la disparition de celle-ci, les livres du savant sorboniste passèrent dans la Bibliothèque de l'Université.

Les *Epistolæ* de Gasparino, provenant de J. Heynlin, sont réglées et reliées en un seul volume (1), reliure du temps, avec les *Epistolæ* de Phalaris, imprimées aussi en Sorbonne, ainsi qu'on le verra.

La Bibliothèque de Vienne (Autriche) possède aussi un exemplaire de ce volume. Plusieurs autres sont connus pour avoir appartenu à divers bibliophiles. De Boze en possédait un dont la première page avait toutes ses marges ornées d'une dentelle peinte en or et en couleurs, et qui était relié en veau fauve (2). Dibdin en signale un dans la bibliothèque de Spencer (3); la collection de Crevenna en possédait aussi un (4); Brunet en cite six provenant de diverses bibliothèques particulières, dont celui de Crevenna (5); il fait observer que dans l'exemplaire de Libri, le sommaire servant de titre, en haut du second feuillet, était tiré en rouge, tandis qu'il est en noir dans la plupart des autres.

Cet ouvrage est inscrit dans le *Répertoire* de Hain, n° 2,674, et dans les *Annales* de Panzer, tome II, p. 269.

Enfin signalons, comme curiosité bibliographique, une édition des *Epistolæ* de Gasparino faite à Louvain avec les caractères romains de Jean de

(1) Bibl. de Bâle, A. L. VI, 5.
(2) V. *Cat.* de Boze; Paris, 1745, p. 177.
(3) *Bibliotheca spenceriana*, tome III, p. 333.
(4) *Catalogue* de Crevenna, n° 5,639.
(5) Gaignat, vendu 45 fr. 19 sols et 50 fr. — Gaignat en possédait deux exemplaires (voir son *Catalogue* par de Bure, n°⁸ 2,554 et 2,555). — Crevenna, 89 florins. — Mac-Carthy, 80 fr.; en 1825, 112 fr. — Libri, m. r. 520 fr. — Barrois, 400 fr., en 1825; et piqué des vers, Le Prévost, 100 fr. — Nous ajoutons qu'à la vente Didot, 12 juin 1878, un exemplaire a été vendu 1,700 fr.

Westphalie, et d'après celle de l'atelier de Sorbonne. C'est un in-folio de cinquante-trois feuillets, sans chiffres ni réclames, sans indication de lieu ni de date. Cette édition reproduit la lettre-préface de G. Fichet sur le verso du premier feuillet, mais elle n'a pas les distiques de la fin. Il en existe un exemplaire à la Bibliothèque Nationale (1), relié en maroquin rouge et ayant appartenu au collège des Jésuites de Metz ; à la fin se trouvent des traités manuscrits et des copies de lettres de *Chardallus*, le tout en latin.

II. — Caii Crispi Sallustii de Catilinæ Conjuratione et de Bello Jugurthæ. — In-4°.

La Bibliothèque Nationale possède deux exemplaires de cet ouvrage in-4°, sans chiffres, réclames ni signatures, sans désignation de lieu ni de date; l'un est sur papier fort et sonore comme le précédent, et l'autre sur vélin.

Le volume est composé de cent trois feuillets utiles ; chaque page a vingt-trois lignes, nombre que nous retrouverons désormais dans tous les in-4° imprimés en Sorbonne. Il contient les deux livres dont voici les titres :

1° Caii Salustii, de Lucii Catilinæ coniuratione liber fœliciter incipit ;

(1) Réserve Z. Cette édition est signalée, mais sans désignation d'imprimeur, par Maittaire (tome I, 2ᵉ édition, p. 293) et par David Clément (*Bibl. Curieuse*, tome IX, p. 68).

Trente-cinq feuillets dont le dernier n'a que dix lignes sur le recto.

2° Caii Crispi Salustii de bello Jugurthæ contra
populum Romanum liber fœliciter incipit;

Soixante-huit feuillets dont le dernier est imprimé sur le recto seulement.

Un feuillet blanc sépare les deux livres. A la fin du *Jugurtha*, on lit :

De morte Iugurthe, disticon;

Qui cupis ignotum, Iugurthæ noscere letum*!*
Tarpeiæ rupis, trusus ad ima ruit.

Ensuite viennent les distiques que nous avons reproduits dans le chapitre précédent : *Nunc parat arma*, etc.

L'exemplaire sur papier (1) n'a des lettres ornées qu'à l'en-tête de chaque livre; les autres grandes capitales ont leur place laissée en blanc; suivant l'usage des premiers temps de l'imprimerie, elles devaient être faites à la main, mais l'exemplaire n'a pas été livré à l'enlumineur chargé de ce soin. Les paragraphes qui ne se détachaient pas du texte courant et n'étaient pas en belle ligne devaient être marqués d'un coup de pinceau en couleur rouge ou bleue; les blancs réservés à cet effet n'ont pas été remplis. Ces lacunes indiquent évidemment que cet exemplaire n'a pas été livré à la vente.

(1) Réserve J, 969.

Un espace est laissé entre les capitales du premier mot de chaque vers des distiques, particularité qu'on remarque dans plusieurs impressions. de Sorbonne.

Le premier livre de l'exemplaire que nous décrivons est chargé d'annotations dans les marges et entre les lignes. Dans le second livre, les annotations ne portent que sur les premiers feuillets.

Le deuxième exemplaire de la Bibliothèque Nationale (1) est en tout semblable au précédent, sauf qu'il est sur vélin et que le titre du premier livre est ainsi rédigé :

> Caii Crispi Salustii nobilissimi ciuis
> ac consularis romani, de Lucii Catilinæ
> coniuratione liber, fœliciter incipit.

Cette différence de titre a été signalée déjà par plusieurs bibliographes, tels que de Bure, Van Praet et Brunet; Van Praet pense que les premiers feuillets ont été tirés deux fois pour corriger quelques fautes échappées à *l'éditeur G. Fichet*.

L'exemplaire sur vélin de la Bibliothèque Nationale est un exemplaire de luxe, à marges pleines.

L'emploi du vélin semble avoir été très rare dans l'atelier de Sorbonne, ou du moins, on ne peut que rarement le constater dans les spécimens existant aujourd'hui; il y a lieu de croire que le *Salluste* n'a eu cette faveur que parce qu'il a fait

____

(1) Vélins, n° 2,755.

partie des premiers labeurs des prototypographes parisiens, car rien ne l'appelait à jouir d'une distinction réservée, pensons-nous, surtout à des ouvrages ayant un caractère personnel, tels que les *Orationes* de Bessarion et le traité de *Rhétorique* de G. Fichet.

Le *Salluste* sur vélin a une reliure moderne en maroquin rouge. Il porte quelques riches enluminures ; ainsi la première page du *Catilina* est ornée d'une jolie dentelle en or et en couleurs, occupant toutes les marges. La première page du *Jugurtha* est ornée aussi d'une dentelle élégante, conservée dans tout son éclat, et occupant la marge de gauche et la moitié de celles du haut et du bas.

La grande lettre initiale du commencement de chaque livre est ornée. Les initiales des paragraphes sont coloriées en rouge et en bleu, ainsi que celles des distiques.

A la fin de ce précieux volume, qui a appartenu à la Bibliothèque de la Sorbonne, se trouve l'annotation suivante, en écriture fine du temps, au-dessous du cachet de la Sorbonne : *fichetanus Salustius ;* ce qui pourrait indiquer que G. Fichet a été le principal promoteur de cette édition.

La Bibliothèque de Bâle possède l'exemplaire de J. Heynlin (1) sur papier réglé ; il est relié avec un autre ouvrage imprimé aussi en Sorbonne et que nous examinerons en ses lieu et place. La

____

(1) Bibl. de Bâle, C. H. III, 20.

reliure de ce volume est contemporaine de l'impression; elle est formée de couvertures en bois garnies de veau fauve repoussé de petits dessins; les coins sont garnis en cuivre avec un bouton central de même métal; on y voit les traces de fermoirs.

Au commencement, se trouvent un feuillet en vélin et trois en papier, blancs; à la fin, il y a cinq feuillets blancs en papier et deux en vélin.

La grande lettre initiale de chaque livre est peinte très simplement en couleur rouge ou bleue; les capitales du texte sont coloriées de la même manière. Les vers placés à la fin du *Jugurtha* sont marqués d'un signet bleu et rouge alternativement.

Ce qui rend ce volume d'autant plus précieux, c'est qu'il porte, dans le *Catilina,* de nombreuses annotations faites par J. Heynlin lui-même.

La Bibliothèque de Vienne (Autriche), le British Museum et la Bibliothèque publique d'Oxford possèdent un exemplaire du *Salluste;* mais celui de Londres est incomplet, il y manque le *Jugurtha*.

Le *Salluste* de Sorbonne figure dans plusieurs recueils et catalogues; nous avons déjà cité les catalogues de Bure, Van Praet, Brunet, auxquels il faut ajouter celui de La Vallière (1).

Ce dernier cite deux exemplaires sur papier, nos 4,887 et 4,888. Le premier a été vendu 230 francs. Il en existe un aussi dans la bibliothèque de lord

(1) Brunet, tome V, 1re partie, col. 80. — De Bure, *Bibl. instructive,* tome I, p. 561, no 4,862.

Spencer (1). Enfin on le trouve mentionné dans le *Répertoire* de Hain, n° 14,189, et dans les *Annales* de Panzer, tome II, p. 270.

III. ORATIONES, DE BESSARION. — In-4°.

Disons tout d'abord que, jusqu'à plus ample information, ce volume doit être une édition *princeps,* car on ne trouve citée nulle part, que nous sachions, une édition antérieure faite en Italie. Pourquoi Bessarion, qui protégea l'imprimerie dans sés commencements à Rome, ne fit-il pas imprimer son opuscule sous ses yeux? Chose assez singulière, les *Orationes* ont été publiées en Italie, en 1471, la même année qu'à Paris, mais *en italien*, traduites par Louis Carbone, et imprimées en caractères ronds par les presses d'André (Belfort) dit *Gallus,* à Ferrare. La première édition latine à nous connue qui ait été faite à Rome, est celle de 1537, chez *Antonius Bladus Asulanus (mense septembri)* et dont un exemplaire se trouve à la bibliothèque Mazarine, de Paris (2).

Le volume sorti de l'atelier de Sorbonne est conservé dans la Bibliothèque Nationale, de Paris, au nombre de quatre exemplaires; ils sont sur papier fort et sonore; ils ne portent ni chiffres, ni réclames, ni signatures, et n'accusent aucun nom de lieu, aucune date.

(1) *Bibl. spenceriana*, tome II, p. 326, n° 410.
(2) N° 12,360. *Inc. Recueil.*

Le premier (1) de ces exemplaires est de tous le plus précieux et c'est sur lui que nous fixerons notre description. Il provient de la bibliothèque du cardinal de Loménie (2) et, ce qui le rend très précieux, c'est qu'il est relié avec le *Recueil* manuscrit des lettres de G. Fichet et de Bessarion, recueil qui nous a été déjà d'une si grande utilité.

Ce volume est un petit in-4° relié en veau fauve foncé, et rogné, doré sur tranches. Il porte imprimé en lettres d'or, sur le dos de la reliure, ce titre : *Bessarion* (is) *et Ficheti epistolæ*, 1471. Les six premiers feuillets — la feuille de garde n'étant pas comprise — sont blancs. Le premier porte au recto le titre ci-dessus d'une écriture moderne. Sur le second feuillet, on voit la marque de fabrique du papier, *deux fleurs de lys accolées* et renfermées dans une sorte d'écusson ; une autre marque de fabrique apparaît sur l'avant-dernier feuillet, et consiste en un dessin de fantaisie surmonté d'une croix.

Après les six premiers feuillets blancs, commence un recueil de lettres qui accompagnèrent quelques exemplaires de l'opuscule donné par G. Fichet ; ces lettres sont au nombre de dix-sept et occupent vingt-six feuillets. Le recto du premier feuillet est orné d'une dentelle peinte en

<hr>

(1) Réserve Z.

(2) V. *Index librorum ab inventa typographia, ad annum 1500,* par F. X. Laire. Sens, 1791, tome I. p. 96.

or et couleurs, qui tient la moitié de la marge de
gauche. On remarque des annotations et des corrections assez nombreuses écrites dans les marges
par G. Fichet. Dans la majorité des lettres, les
annotations indiquent les divisions du discours :
exorde, narration, conclusion. On voit percer là le
professeur de rhétorique. Quelques-unes des
annotations ont été atteintes par le couteau d'un
relieur barbare. Toutes les suscriptions sont en
lettres rouges.

Cette première partie du *Recueil* manuscrit
est suivie de six nouveaux feuillets blancs ; sur
le verso du dernier s'étale une ligne de plain-
chant grossièrement tracée. Vient ensuite la
seconde partie du *Recueil*, occupant vingt-huit
feuillets pour quinze lettres presque toutes échan-
gées entre Bessarion et G. Fichet (1). L'écriture
est la même que celle de la première partie,
nette, bien formée et très lisible ; elle pourrait être
de la main de G. Fichet, bien qu'elle ne res-
semble qu'imparfaitement à celle des procès-verbaux tenus par notre docteur lorsqu'il était prieur
de Sorbonne ; elle s'éloigne même beaucoup de
l'écriture des annotations et particulièrement de
la note qu'on peut lire en marge de deux lettres
écrites, l'une au cardinal Bessarion, l'autre au
pape Sixte IV, note que G. Fichet a libellée

(1) Van Praet a donné la description des lettres des deux parties
du manuscrit. V. *Cat. des livres imprimés sur vélin qui se trouvent
dans les bibliothèques tant publiques que particulières*, etc., tome II.
p. 19 et suiv

comme suit en lettres microscopiques dans la dernière de ces missives : *Prefacio libri quem pontifici misi* (1).

Enfin cinq feuillets blancs séparent le *Recueil* manuscrit de l'opuscule imprimé de Bessarion, qui occupe trente-neuf feuillets, et dont la première page est ornée d'une dentelle marginale et de deux lettres initiales en or et en couleurs. Les lettres initiales des chapitres sont peintes en couleur bleue ou rouge.

L'ouvrage est composé comme suit :

1° La lettre d'envoi de Bessarion à G. Fichet, du 13 décembre 1470 : une page et huit lignes.

2° Une lettre de Bessarion aux princes d'Italie, dans laquelle le cardinal développe les motifs qui l'ont déterminé à écrire pour les exciter à une croisade : une page et demie.

3° Une lettre de Bessarion cardinal à Bessarion moine et abbé de Saint-Séverin, à Naples : neuf pages et quatre lignes.

4° Un discours aux princes italiens sur les périls imminents qui les menacent : vingt-une pages et huit lignes.

5° Un deuxième discours aux mêmes princes, intitulé : *De discordiis sedandis, et in bello turcum decernendo :* vingt-cinq pages.

6° Un avant-propos au discours de Démosthènes : *Pro ferenda ope Olynthiis adversus Philip-*

(1) V. *Recueil des lettres*, nᵒˢ VII et XI de la 2ᵉ partie.

pum regem Macedonum, adressé aussi aux princes d'Italie : deux pages.

7° Le discours de Démosthènes traduit en latin, dans le texte duquel sont intercalées, formant une double colonne, des gloses assez nombreuses : quinze pages.

8° Enfin la péroraison, toujours à l'adresse des princes italiens : trois pages.

La lettre d'envoi de Bessarion à G. Fichet, du 13 décembre 1470, que nous avons eu déjà l'occasion de citer, porte cette suscription :

> Reuerendo et doctissimo patri magistro
> Guilielmo ficheti sacræ theologie ᵱfes≈
> sori in collegio Sorbonæ Parisii amico
> nostro carissimo *!* Bessario episcopus sabi≈
> nēsis cardiál' nicen⁹ p̄riarcha constantino≈
> politanus.
> Reuerende et doctissime pater amice no≈
> ster carissime *!* audimus non solũ in phi≈
> losophia et sacraꝗ litterarum cognitione uos

L'épître se termine ainsi au verso du feuillet :

> anoꝗ oĩm clade. Valete ex urbe die xiii Christi dé≈
> cembris мccccLxx ;

On remarque, au verso du feuillet 19, six vers traduits d'Homère et qui semblent confondus avec le texte en prose dont ils ne sont séparés par aucun blanc ; un simple signet à l'encre bleue marque le premier vers ; la même disposition est observée

pour deux autres vers au verso du vingt-unième feuillet.

Nos prototypographes ne possédant pas de caractères grecs et ayant des phrases à reproduire en cette langue, ont laissé en blanc, au verso du feuillet 22, l'espace nécessaire pour tracer ces phrases à la plume ; elles paraissent être de l'écriture de G. Fichet dans l'exemplaire que nous décrivons (1).

Cet exemplaire a appartenu à G. Fichet, qui y a fait de sa main plusieurs corrections à la plume, comme nous l'avons dit. Ainsi, les deux dernières lignes de la suscription de la lettre adressée par Bessarion à G. Fichet, troisième feuillet, ont été corrigées après grattage ; le texte imprimé était ainsi conçu :

> nensis cardinalis et patriarcha constantino≈
> politanus nicenus.

Ce texte a été rétabli comme nous l'avons donné ci-dessus :

> nésis cardiãl' nicen⁹ p̄riarcha constantino≈
> politanus.

Ainsi qu'on le remarquera, G. Fichet a voulu corriger une inversion par trop forcée, qui risquait de rendre obscur le sens de la phrase, inversion

---

(1) Ces phrases grecques ne se trouvent pas dans la reproduction de cette partie du texte de Bessarion faite par Migne dans sa *Patrologie grecque*, tome 161, col. 647-675.

que Bessarion n'avait pas faite, comme on peut s'en assurer en vérifiant le texte manuscrit de sa lettre. Et alors notre docteur a gratté le mot de *nicenus,* qui se trouvait à la fin de la phrase dans l'impression, pour l'intercaler entre les mots de *cardinalis* et de *patriarcha,* là où était sa place.

Les autres corrections manuscrites importantes sont les suivantes : sur le verso du dixième feuillet, dix-huitième ligne, G. Fichet a ajouté en marge le mot *italiam,* et sur le verso du dix-septième feuillet, vingt-deuxième ligne, celui de *cēsemus (censemus),* omis dans l'impression. Sur le recto de ce dix-septième feuillet, sixième ligne, une phrase avait été composée comme suit : *ac propellite hostis impellite hostis,* etc.; G. Fichet a marqué d'une ligne de points le dessous des mots *hostis impellite,* qui formaient une répétition inutile. Nous allons trouver cette correction plus complète dans d'autres exemplaires. Enfin, au verso du vingt-cinquième feuillet, quatorzième ligne, dans le membre de phrase *ut uim ui reprimamus,* ce dernier mot a remplacé celui de *repugnamus* qui a été gratté.

Il est à remarquer toutefois que quelques omissions n'ont pas été l'objet de corrections. C'est ainsi qu'à la première ligne de la péroraison qui suit la harangue de Démosthènes, il manque le mot *inclyti* avant ceux de *italiæ principes,* et que dans le titre du deuxième discours aux princes italiens, on a imprimé *Eiusdem de discordiis,* etc., au lieu de *Eiusdem ad eosdem,* etc.

Telles sont les remarques principales auxquelles donne lieu cet exemplaire des *Orationes* de Bessarion. On peut ajouter qu'à la fin de l'opuscule quelqu'un a écrit au-dessous du mot FINIS : *A Paris, chez Ulric Gering, 1472,* ce qui constitue une erreur de date.

Le second exemplaire conservé dans la Bibliothèque Nationale est inscrit sous la cote J, 1,224, de la Réserve. Ce volume, relié en veau fauve, avec les tranches rouges, a appartenu à M. de Boze (1) et successivement à la bibliothèque de Gaignat (2) et à celle de La Vallière. Il est orné d'une dentelle fort jolie en or et en couleurs portant sur les quatre marges de la première page. Les grandes initiales sont aussi peintes en or et en couleurs, avec beaucoup de soin. G. Fichet y a fait à la main les mêmes corrections que dans l'exemplaire précédent, à ces différences près : 1° que la correction du troisième feuillet est ainsi écrite : *nēsis cardiālis nicenus,* etc. ; 2° que celle du dix-septième feuillet porte sur les mots *hostis impellite* qui sont entièrement grattés : l'espace est laissé en blanc.

Cet exemplaire, qui contient imprimée la lettre d'envoi de l'opuscule au roi Louis XI et aux princes du royaume, est doublement précieux parce qu'il est celui qu'offrit G. Fichet à Jacques d'Armagnac,

(1) V. *Cat.* de M. de Boze. Paris, 1745, p. 178.
(2) Gaignat avait acheté à MM. de Cotte et Boutin, acquéreurs de la collection de Boze, les plus précieuses éditions du xv° siècle que contenait cette collection.

duc de Nemours, à ce malheureux prince qui, à la
suite des guerres intestines qui marquèrent le
règne de Louis XI, fut décapité à Paris, le
4 août 1477.

Cette victime des luttes de famille entre princes
et roi, ne songeait pas à la fin tragique qui l'atten-
dait six ans plus tard, lorsqu'il traça sur le plai-
doyer de Bessarion, écrit en faveur de la guerre
étrangère, les lignes qu'on y voit encore à la dernière page.

Jacques d'Armagnac était un bibliophile émérite,
et on prend plaisir à voir avec quel soin il a marqué l'importance qu'il attachait à un des premiers
livres imprimés en France, y inscrivant lui-même
son nom comme pour bien témoigner du sentiment
de satisfaction que l'œuvre nouvelle excitait dans
son esprit. Voici comment il a écrit sa note :

Ce liure de bessario contra Turcum
est au duc de Nemours comte de la Marche.

JACQUES

Le troisième exemplaire des *Orationes* de la
Bibliothèque Nationale est inscrit sous la cote J,
1,225, de la Réserve. Il est relié en maroquin rouge
et a les tranches dorées. C'est l'exemplaire envoyé
par G. Fichet à l'abbé et aux moines de Cluny ; il
contient manuscrite la lettre d'envoi à ces religieux (1). Il a six feuillets blancs au commencement

(1) V. Iʳᵉ partie du *Recueil* ms., lettre XVI, datée du 2 octobre 1471.

et à la fin. Il est enrichi d'une dentelle peinte en or et en couleurs sur la marge gauche de la première page, et de deux grandes initiales peintes de la même manière et correctement dessinées. Il est à remarquer que sur cet exemplaire aucune des corrections manuscrites signalées dans les précédents n'a été faite ; mais les mots grecs du vingt-deuxième feuillet y sont bien écrits de la main de G. Fichet.

Enfin le quatrième et dernier exemplaire de la Bibliothèque Nationale, inscrit sous la cote J, 1,226, de la Réserve, est relié en maroquin bleu et a aussi les tranches dorées. Il est enrichi des mêmes enluminures que le précédent, dues incontestablement au même artiste. Toutes les corrections relevées sur les deux premiers exemplaires ont été faites sur celui-ci ; la correction du troisième feuillet est assez grossièrement exécutée; les mots *impellite hostis* sont rayés à la plume et en outre pointillés en dessous.

Ce quatrième exemplaire est celui que G. Fichet avait envoyé à Jean Nomagian, supérieur de la Grande-Chartreuse ; la lettre d'envoi, de trois pages, est en tête du volume, et elle est de la même écriture que celle du précédent (1).

La Bibliothèque Mazarine, de Paris, a aussi un exemplaire des *Orationes*, mais il est relié avec d'autres ouvrages imprimés après lui dans l'atelier

(1) V. Iʳᵉ partie du *Recueil*, lettre XV, datée du 2 septembre 1471.

de Sorbonne et que nous examinerons à leur place (1). Cet exemplaire ne porte pas de lettre d'envoi ; aucune des corrections signalées dans les précédents n'y a été faite, pas même celle qui a été relevée dans la suscription de la lettre de Bessarion à G. Fichet ; mais les phrases grecques du vingt-deuxième feuillet y sont tracées de la même écriture que dans les autres exemplaires connus. La grande initiale du premier discours de Bessarion est peinte en couleurs rouge et bleue ; celles de l'intérieur du texte sont en couleurs bleue et rouge alternées. Le nom de Bessarion, dans la suscription de la lettre de ce cardinal à G. Fichet, est souligné en couleur rouge. Ce sont là les seules enluminures existant dans cet exemplaire qui, du reste, est très bien conservé.

Les *Orationes* ne se trouvent pas dans les Bibliothèques de Bâle, de Londres, de Vienne et de Venise, mais en fouillant dans d'autres collections publiques ou privées, on découvrirait peut-être des exemplaires de ce précieux volume, comme il nous est arrivé de le faire dans la Bibliothèque Vaticane de Rome. Nous avions prié M. Geffroy, directeur de l'École Française à Rome, de vouloir bien prescrire des recherches sur la date de la mort de G. Fichet arrivée, comme nous l'expliquerons à la fin de notre étude, dans la ville pontificale. Ce

(1) *Florii de tota hystoria Titi Liuii. — Raimitii in catalogum mitridatis de epistolis : Mitridantis in catalogum M. Bruti epistolarum,* etc. (Bibl. Maz. nº 17,144, *Incunables.*)

savant éminent, avec une complaisance pour laquelle nous ne saurions trop lui manifester notre reconnaissance, fit faire des recherches sans rien découvrir qui se rapportât à la demande spéciale que nous lui avions adressée ; mais ses investigations ne laissèrent pas d'avoir un autre résultat intéressant. M. Elie Berger, auxiliaire de l'Institut, et bien connu par ses remarquables travaux, découvrit dans la Bibliothèque Vaticane un exemplaire des *Orationes*, précieux à divers titres, et dont M. Geffroy a bien voulu nous envoyer la description. Nous avons signalé ce volume plus haut.

Cet exemplaire est catalogué sous le n° 3,586 dans le fonds des *Manuscrits* latins ; mais il s'agit en réalité de l'opuscule imprimé de Bessarion. Il est relié en maroquin rouge gaufré, avec les tranches dorées. On voit sur le plat de la reliure une étiquette en parchemin qui paraît être du xvi° siècle et portant cette mention : *Bessarionis orationes pro periculis imminentibus Italiæ christianisque.*

Il est imprimé sur très beau vélin français, et c'est celui que G. Fichet offrit au roi d'Angleterre Edouard IV.

Cet exemplaire est composé du nombre de feuillets connu et il en a deux blancs à la fin. Le recto du premier feuillet porte une très belle miniature occupant toute la page. Nous la reproduisons ci-contre. Sur le plan principal, on voit un jeune roi vêtu en bleu avec le manteau royal violet clair doublé d'hermine. Derrière lui, se tient un personnage portant un costume semblable, et l'un et l'autre sont abrités sous un même dais. Dans le fond, divers personnages entrent par une porte. Un homme agenouillé, imberbe, tonsuré, portant un vêtement bleu, recouvert d'un manteau rose avec capuchon blanc — il représente G. Fichet en costume de docteur de Sorbonne — offre au roi un livre rose à fermoirs, avec les tranches dorées — les *Orationes*. Derrière lui, se tient debout un cardinal qui le pousse de la main pour le présenter au monarque. Ce cardinal porte le froc noir et le chapeau rouge des dignitaires de son rang avec la bride rouge tombant sur la poitrine ; il tient en main une longue croix dorée ; sa figure, très remarquable, est ornée d'une belle barbe blanche : ce personnage représente incontestablement le cardinal Bessarion. Enfin cette magnifique miniature allégorique est encadrée dans une rangée de losanges en or et en couleurs. Sur le verso du premier feuillet, on lit la rubrique manuscrite suivante :

Magnanimis principibus Eduuardo inclytissimo Anglie regi, ejusque ditionis ducibus, comitibus, Marchionibus, et omnibus uiris præclaris, Guillermus Fichetus Parisiensis theologus doctor patria vero Sabaudus secundus optat successus.

Suit le texte imprimé :

Nunquam rex inclyte, etc. — Nonis sextilibus anno uno et septuagesimo quadringentesimoque supra millesimum parisii scriptum ædibus Sorbone.

Et enfin la rubrique et un distique imprimés :

Eduuardo regi
Fausta futura tibi rex accipe Bessarionis
Munera quæ prosint et foris atque domi.
Disticon Fichaeteum.

Le texte connu vient ensuite, commençant par la lettre d'envoi de Bessarion à Fichet. Il faut remarquer que dans la suscription de cette lettre, l'*i* final du nom *Ficheti* a été corrigé en *o*, correction qui n'existe pas sur les exemplaires conservés à Paris.

La page 5 est entourée de fort jolis rinceaux comme on les faisait au dernier tiers du xve siècle, et les initiales sont dorées.

On avait perdu la trace de ce volume, comme on a perdu celle de l'exemplaire donné, à la même date, à Louis XI, et qui devait être aussi en vélin. Nous devons remercier l'École française de Rome d'avoir restitué aux bibliographes ce précieux échantillon de l'un des premiers labeurs des proto-typographes français, et nous nous honorons de la part indirecte, si humble soit-elle, que nous avons prise à sa découverte.

Mais nous avons obtenu une non moins grande satisfaction au sujet d'un autre exemplaire des *Orationes*. Dibdin avait signalé l'existence de ce volume dans la Bibliothèque Impériale de Vienne(1),

(1) *Bibliographical tour in France and Germany*, tome III, p. 506.

13

et pour toute description il disait que les deux premiers feuillets du volume étaient en vélin. Désirant être un peu mieux éclairé, aussi bien sur l'existence que sur la valeur de cet exemplaire, nous avons prié M. le préfet de la Bibliothèque Impériale de vouloir bien nous renseigner. M. Byrk, avec un empressement et une complaisance dont nous le remercions vivement, nous a envoyé la description complète du volume, qui existe bien dans les collections de Vienne : et c'est ainsi que nous avons pu connaître qu'il s'agit du deuxième exemplaire envoyé par G. Fichet, le 31 août 1471, à l'empereur d'Allemagne Frédéric III (1), auprès duquel, soit dit en passant, toute excitation à une croisade avait peu de chance de réussir, puisqu'il a encouru le reproche de n'avoir pas défendu ses propres États contre l'invasion musulmane.

Ce volume contient quarante-deux feuillets, dont les deux premiers sont en effet en vélin ; le dernier est blanc. Les feuillets en vélin sont consacrés à la dédicace à l'empereur d'Allemagne. Le recto du premier est blanc ; sur le verso, qui est orné d'un cadre fleuronné, aux armes de l'Empire, se trouve le texte de la dédicace absolument semblable à celui que nous venons de reproduire de l'exemplaire offert au roi d'Angleterre, à cette différence près

---

(1) Nous avons expliqué que G. Fichet, si l'on s'en rapporte à sa correspondance, aurait déjà envoyé un exemplaire à Frédéric III avant le mois d'août, ainsi qu'à Louis XI et au roi d'Angleterre.

que la désignation du destinataire n'est pas la même.

Comme enluminures, autres que celle de la première page de la dédicace, on remarque les suivantes : l'M de *Magnanimis* est peinte en or sur un fond rouge; l'N de *Numquam* est peinte en or et en couleurs, et l'N de *Nonis* en or sur un fond rouge.

Après la dédicace se trouvent l'adresse (celle-ci écrite en lettres rouges) et les vers suivants, manuscrits :

Imperatori Frederico semper Augusto eiusdem Guillermj fichetj parisién theologi do≈ ctoris, patria uero Sabaudj carmina :

Quos citat in turchos acri Bessario cornu,
Caesar et audentes sumite tela viri,
Graecia vos moneat dỹro prostrata tyranno.
Excitet et Christi jam prope lapsa fides.
Imminet Italiae. Latio parat arma minatur
Gadibus et gallis aequor et yle cupit
Non iuga pyrenej, non inuia saxa nec alpes
Obsistent tumido mente rapit superos
Dum vicina petit, dum v͞ra integra supersunt.
Exaudite senem, vos legite et reliquos ;

L'I de *Imperatori* est peint en or sur un fond rouge ainsi que le Q de *Quos*.

Le texte des *Orationes* imprimé est le même que celui que nous avons décrit d'après les exemplaires de Paris, et porte les mêmes lettres peintes en or et en couleurs.

M. **Birk** nous signale que la correction des deux dernières lignes de la suscription de la lettre de Bessarion à G. Fichet est faite comme suit :

nesis cardiál' nicenus p̃triarcha constantino≈
politanus S. p. D.

Les trois dernières lettres *(Salutem plurimam Dicit)* ont remplacé le mot *nicenus* gratté comme sur les autres exemplaires décrits ; ceux-ci ne portent pas les trois lettres S. P. D.

La Bibliothèque Royale de Turin possède un exemplaire des *Orationes* sur vélin. C'est celui que G. Fichet envoya au duc de Savoie, Amédée IX, et aux princes du sang. Il est accompagné d'une longue lettre à l'adresse du duc, et que quelques-uns ont pris pour un abrégé de l'histoire de Savoie ; ce n'est qu'une prolixe exhortation à la guerre contre les Turcs, comme G. Fichet en écrivit à tous les souverains ; mais celle-ci est plus longue que les autres parce que l'auteur s'adressait à son propre souverain.

L'exemplaire de Turin est orné de lettres peintes en or et en couleurs.

Les *Orationes* de Bessarion sont citées par Hain, n° 3,005, et par Panzer, tome II, p. 271, et dans plusieurs catalogues de collections privées.

Nous avons vu que l'exemplaire de Jacques d'Armagnac a appartenu à de Boze, à Gaignat et à

La Vallière ; on le trouve inscrit dans leurs catalogues (1).

Brunet en signale plusieurs exemplaires vendus à des prix différents (2).

Le *Catalogue* de Crevenna (3) contient, sous le nº 3,361, la description d'un exemplaire relié en maroquin rouge et doré sur tranches, formé probablement par un amateur, car il y avait en tête les pièces manuscrites suivantes : 1º La lettre d'envoi de l'opuscule à Humbert Martin, abbé de Cîteaux, en date du 31 juillet (1471) ; 2º La lettre d'envoi à Louis XI, du 5 août 1471 ; 3º La lettre au duc de Savoie, sans date, et occupant à elle seule cinq feuillets.

On ne sait, croyons-nous, où se trouve actuellement cet exemplaire. Comme quelques autres peut-être, il repose plus ou moins délaissé dans une collection particulière, soit dans une bibliothèque publique de la France ou de l'étranger, ignoré des amateurs de livres anciens.

Nous ne terminerons pas cet article consacré au volume des *Orationes* de Bessarion, sans re-

---

(1) *Cat.* de Boze, p. 178 ; *Catal. des livres du cabinet de feu M. Gaignat*, par de Bure, tome I, nº 2,558. — La Vallière, nº 2,339.

(2) Vente Gaignat, 84 fr.; vente La Vallière, 36 fr. — Un ex. vendu en 1825, 76 fr.; 1 liv. Heber, 176 fr. *mar. r.* Chenest. De nos jours, ces prix seraient considérablement augmentés. Les *Orationes* ont été rééditées à Paris en 1500, par Guyot Marchand (*Mercator*); nous n'avons pas à tenir compte de cette édition dans notre étude (V. Brunet, tome I, 1re partie, col. 828).

(3) *Catalogue des livres de la bibliothèque de M. Pierre-Antoine Belongaro-Crevenna ;* Amsterdam, 1789, 5 vol. in-4. — La vente de cette collection a eu lieu du 25 avril au 15 juin 1790.

lever ce fait très intéressant, que ce volume contient l'édition *princeps* de l'une des harangues de Démosthènes. Aucune des œuvres du grand orateur n'a été imprimée, soit en grec, soit en traduction latine dans le xve siècle, et avant l'édition donnée par Alde Manuce en 1504.

C'est là un titre de gloire bibliographique qu'il ne faut pas manquer d'attribuer à l'atelier prototypographique de Paris.

CHAPITRE VI

IV. G. Ficheti Rhetoricæ Libri iii. — In-4°.

Plusieurs exemplaires de la *Rhétorique* de G. Fichet existent aujourd'hui, et sont répartis entre diverses collections publiques en France et à l'étranger : ce volume est même, de tous ceux qui ont été imprimés dans l'atelier de Sorbonne, celui qui s'est conservé au nombre le plus grand d'exemplaires sur vélin ou sur papier, et le seul, avec les *Orationes*, qu'on trouve enrichi de miniatures et d'ornements remarquables.

Nous en connaissons dix exemplaires, dont quatre imprimés sur vélin, et un manuscrit aussi sur vélin. La Bibliothèque Nationale de Paris possède trois exemplaires de cet incunable précieux : deux sur papier et un sur vélin. C'est d'après l'un des deux premiers que nous allons fixer notre description, parce que ce volume a le mérite d'être un des plus complets. C'est celui qui a appartenu à l'archevêque Charles de Bourbon. Il est porté sur l'inventaire de la Réserve sous la cote X 2,052.

Cet exemplaire est tiré sur le papier fort et sonore qui a servi pour toutes les impressions de l'atelier de la Sorbonne ; il est relié en maroquin rouge, avec les armes royales sur le plat de la reliure ; il provient de la Bibliothèque du Roi dont il porte le plus ancien cachet ; il est rogné et a les tranches simplement en grisaille. C'est un volume in-4°, à longues lignes au nombre de vingt-trois à la page ; par exception, les pages des feuillets 71, 72 et 73 du texte portent vingt-quatre lignes.

En tête, se trouvent deux feuillets qui contiennent la lettre d'envoi à l'archevêque de Lyon, Charles de Bourbon, et la lettre-dédicace à Bessarion, toutes les deux imprimées. La suscription de la première est en lettres rouges écrites à la main ; le texte ne porte que sur une seule page ornée, sur les quatre marges, d'une très jolie dentelle peinte en couleurs ; au milieu de la marge d'en bas, on voit les armes de Charles de Bourbon. La lettre N est peinte en couleurs jaune et rouge sur un fond bleu foncé, avec ornements en bleu clair, ce qui donne un aspect sévère à cette partie des enluminures.

Cet exemplaire de la *Rhétorique* de G. Fichet est celui qui porte la mention : *Scriptum impressumque in œdibus Sorbone*, dont nous avons déjà signalé l'importance.

La préface de la *Rhétorique*, qui suit les deux lettres à l'adresse de Charles de Bourbon et de Bessarion, occupe quatre feuillets et porte le titre suivant, qui est le seul de l'ouvrage :

> GUILLERMI Ficheti Alnetani (1), artium
> & theologiæ parisiensis doctoris, rhetori-
> corum libror̨ præfatio ;

La première page de cette préface est ornée d'une très belle dentelle peinte en or et en couleurs, portant sur les quatre marges. La place d'un écusson, réservée dans le milieu de la marge d'en bas, est restée en blanc. Nous reproduisons cette page en fac-similé.

Viennent ensuite les trois livres composant le Traité : le premier occupe cinquante-huit feuillets, le second cinquante-quatre, et le troisième soixante-quinze. Préface et Traité portent sur cent quatre-vingt-onze feuillets. La grande lettre initiale de

---

(1) Nous rappelons que ce qualificatif est pris par G. Fichet parce qu'il possédait un petit bénéfice à *Anet* (Eure-et-Loir) que lui avait donné l'évêque Chartier en 1467.

chaque livre est peinte en couleurs ; une dentelle,
portant sur la marge de gauche et sur la moitié de
celles du haut et du bas, orne aussi la première
page de chacun des livres.

- Quelques corrections, faites à la main dans le
cours du texte, semblent être de l'écriture de
G. Fichet.

: Les livres sont bien subdivisés, mais sans sépa-
ration suffisamment apparente entre les subdivisions, marquées seulement par la grosseur de la
lettre initiale; ce qui fait qu'on éprouve quelques
difficultés à se retrouver dans cette suite non inter-,
rompue d'alinéas.

Cependant l'auteur s'est montré assez ingénieux
dans quelques-unes de ses démonstrations, et il a
su donner l'exemple de l'enseignement par les
yeux. C'est ainsi qu'à propos des règles de la pro-
sodie, et pour fournir des exemples de la valeur
des *longues* et des *brèves* et de leurs combinaisons
dans les mots de deux, trois ou quatre syllabes, il
a établi (feuillet 17 du IIIe livre) trois tableaux correspondant à ces nombres : le premier, contenant
quatre mots de deux syllabes; le second, huit mots
de trois syllabes, et le troisième, seize mots de
quatre syllabes; il a intitulé ces tableaux : *Dis-
syllabi*, *Trissyllabi* et *Quadrissyllabi*. Il a eu
soin d'écrire d'un côté, le nom donné à la mesure,
de l'autre, un mot pour servir d'exemple. Voici le
premier de ces tableaux :

Miniature d'un exemplaire de la *Rhétorique* de G. Fichet, conservé dans le British Museum.

Pirrhichus	⏑ ⏑	⏑ ⏑	Pius
Spondeus	— —	— —	Princeps
Iambus	⏑ —	— —	Opes
Trocheus	— —	⏑ ⏑	Donat

Nous reproduisons en fac-similé la page qui porte le dernier.

Ces petits tableaux sont tracés à la main, avec encadrement rouge; le signe des *longues* est en noir, et celui des *brèves* en rouge, le plus ordinairement, et sauf quelques cas de combinaison particulière.

A la fin du troisième livre, se trouvent les trois lignes suivantes :

> In Parision Sorbona conditæ Ficheteæ
> rhetoricæ finis ; Roberti Gaguini se≈
> quit panagericus *(sic)* in auctorem ;

Sur le verso du soixante-quatorzième feuillet et sur le recto du soixante-quinzième, se trouvent quatorze distiques composés par Robert Gaguin pour chanter les louanges de G. Fichet.

Le deuxième exemplaire de la *Rhétorique*, conservé dans la Bibliothèque Nationale, coté sous le même numéro que le précédent, est aussi sur papier ; mais il est tracé et paginé en chiffres romains aux coins droits du bas des feuillets ; le couteau du relieur a fait disparaître une grande partie des chiffres, bien que les marges soient encore très

larges ; il est relié en maroquin rouge et a les tranches dorées.

Cet exemplaire qui porte, comme le premier, le
cachet de la Bibliothèque de la Sorbonne, a en tête
les lettres à Charles de Bourbon et à Bessarion,
manuscrites et occupant deux feuillets en vélin
plus courts que les autres. La première lettre est
ornée d'une dentelle assez jolie portant sur la
marge de gauche et sur la moitié de celles du haut
et du bas de la page ; la seconde est enrichie d'un
ornement en or et en couleurs, entourant la suscription ; un commencement de dentelle, très délicatement peinte en or et en couleurs, se trouve sur la
marge de gauche.

Au bas de la première page du texte de la *Rhétorique*, on remarque un ruban peint en rouge et
sur lequel on lit, écrite en lettres d'or, la devise
suivante : *Amor meus crucifixus est.*

Le corps du texte porte les mêmes enluminures
que le précédent exemplaire. Les capitales sont
faites très simplement en couleur bleue ou rouge.

Une note du bibliothécaire Gayet de Fansale
fait connaître qu'il a acheté cet exemplaire en 1783
pour la Bibliothèque de la Sorbonne, et il ajoute
qu'il est corrigé par Fichet ; on y remarque, en effet,
de nombreuses corrections et adjonctions qui semblent faites de la main de l'auteur. Il se pourrait
que ce fût l'exemplaire de G. Fichet. Il est à remarquer que les tableaux prosodiques du feuillet 17
du troisième livre ne sont pas tracés, et, à notre

	1	2	3	4	
Pceleumaticos	U	U	U	U	Amedeus
Dispondeus	—	—	—	—	imprudentes
Pean primus	—	U	U	U	despiciet.
epytritoprimus	U	—	—	—	rebellantes
Pean secudus	U	—	U	U	reuerberat.
Epytrito scds	—	U	—	—	impotentes
Pean tertius	U	U	—	U	refouescit.
Epytrito tertius	—	—	U	—	promptissimos
Pean quattus	U	U	U	—	celeritas
Epytrito qrts	—	—	—	U	insigniuit.
Ionicus minor	U	U	—	—	dominatrix
Ionicus maior	—	—	U	U	clarissima
Choryambus	—	U	U	—	consiliis
Antipastus	U	—	—	U	abundabit
Dyambus	U	—	U	—	Sabaudiæ
Dytrocheus	—	U	—	U	Yolandis;

NVMERVS (ut ad præceptionē veniamꝰ) est, certis pedibus, in aures mollie flu/ens, numerosa completi membri compositio. Quam (apertius docendi causa) in artificium, ulumꝗ diuidimus;

Table prosodique de la *Rhétorique* de G. Fichet.

sens, ce serait là une preuve que cet exemplaire est bien celui que l'auteur s'était réservé.

Le troisième exemplaire de la Bibliothèque Nationale est sur vélin et porte le numéro 2,020 des vélins. Il est relié, avec la couverture revêtue de maroquin vert, le dos en veau fauve.

Il n'a pas les lettres adressées à Charles de Bourbon et à Bessarion. La première page de la préface porte une fort jolie dentelle peinte en couleurs, occupant les quatre marges ; la grande lettre initiale est peinte de la même manière. On remarque dans cet exemplaire un grand luxe de moyennes et de petites initiales, indiquant les subdivisions des livres, et qui sont peintes aussi en or et en couleurs ; l'or a conservé tout son éclat. Toutes les queues de lignes, laissées en blanc à la fin des définitions, sont remplies par des ornements bleus et rouges très bien faits, ce qui donne au volume un singulier aspect. Enfin la première page de chacun des trois livres porte la grande lettre initiale richement ornée, et une dentelle sur la marge de gauche et sur la moitié de celles du haut et du bas.

Ce volume forme un exemplaire de luxe ; il a été décrit brièvement par Van Praet. Il provient de la bibliothèque de Mac-Carthy et a été vendu 501 francs.

Il existe aussi un exemplaire de la *Rhétorique* à la Bibliothèque Mazarine, de Paris (1). Il est

____

(1) N° 10,230, *Incunables*.

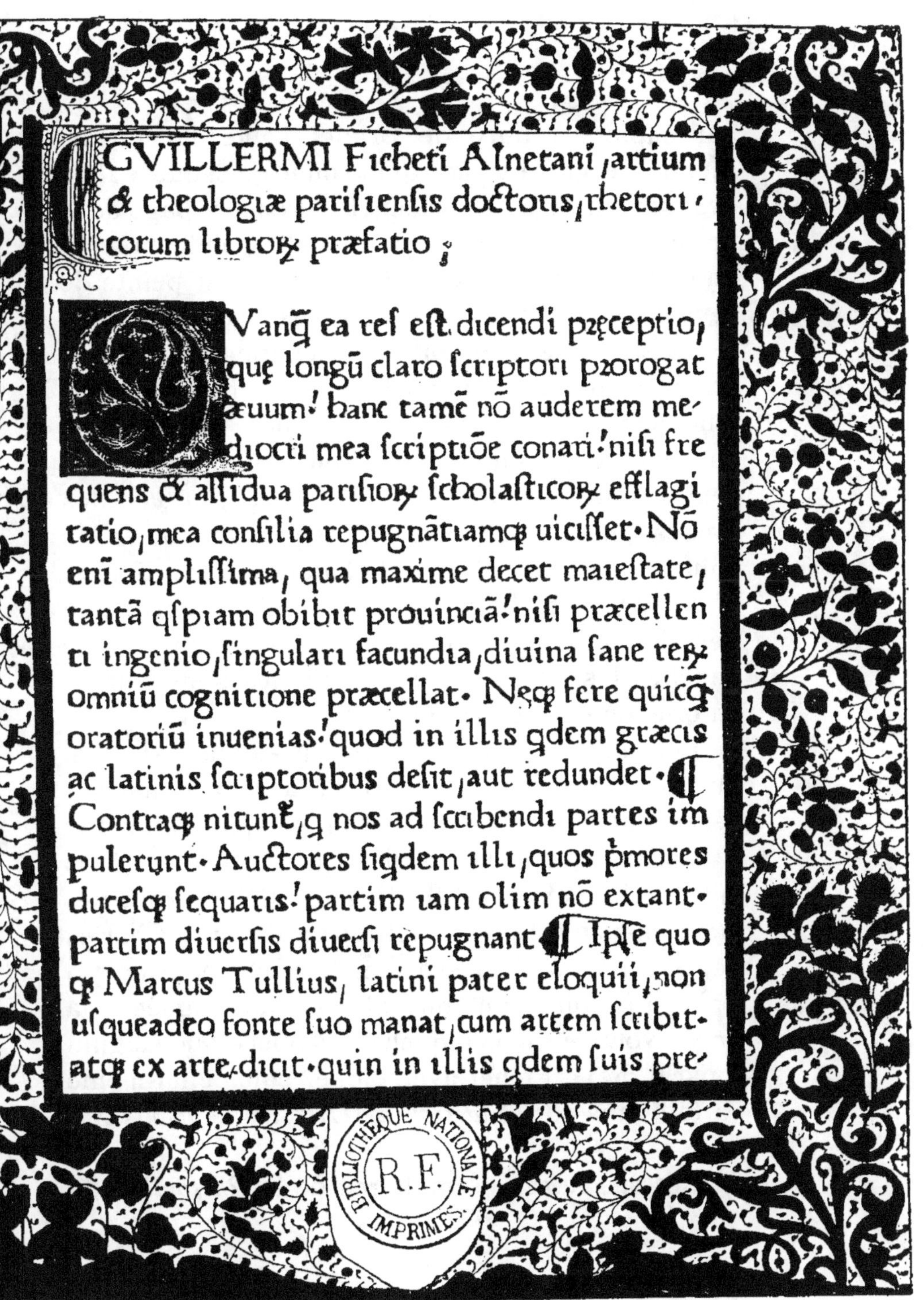

GVILLERMI Ficheti Alnetani, artium & theologiæ parisiensis doctoris, rhetoricorum librorum præfatio;

Vanquam ea res est, dicendi præceptio, quæ longum claro scriptori prorogat æuum! hanc tamen non auderem mediocri mea scriptione conati! nisi frequens & assidua parisiorum scholasticorum efflagitatio, mea consilia repugnantiamque uicisset. Non eni amplissima, qua maxime decet maiestate, tanta qspiam obibit prouinciã! nisi præcellenti ingenio, singulari facundia, diuina sane rerum omnium cognitione præcellat. Neque fere quicquam oratorium inuenias! quod in illis qdem græcis ac latinis scriptoribus desit, aut redundet. Contraque nitunt, q nos ad scribendi partes impulerunt. Auctores siqdem illi, quos promores ducesque sequaris! partim iam olim non extant. partim diuersis diuersi repugnant. Ipse quoque Marcus Tullius, latini pater eloquii, non usqueadeo fonte suo manat, cum artem scribit. atque ex arte, dicit. quin in illis qdem suis præ

Première page de la préface de la *Rhétorique* de G. Fichet.

(Extraite d'un exemplaire de la Bibliothèque Nationale.)

sur papier; reliure de Bradel l'aîné; la couverture est revêtue de maroquin rouge ainsi que le dos,
avec soie bleue à l'intérieur. La première page de la
préface est entourée d'une dentelle peinte en or et
en couleurs; la grande lettre initiale est peinte de
la même manière. Ces enluminures sont très bien
faites et forment un ensemble charmant de fleurs
et de tiges entrelacées; dans les coins de la dentelle sont peints des chèvrefeuilles en or et en
couleur bleue; sur le côté droit, au bas, se trouvent des marguerites, et, sur la marge du bas, des
fraises qui se reproduisent dans presque toutes les
enluminures des volumes de l'atelier de Sorbonne.

La première page de chaque livre porte une
dentelle du même genre sur toute la marge de
gauche; les grandes lettres initiales sont peintes
en or et en couleur rouge ou bleue.

Les tableaux prosodiques du dix-septième feuillet
du troisième livre sont remplis à la main comme sur
l'exemplaire en vélin de la Bibliothèque Nationale.

Cet exemplaire porte aussi quelques corrections
faites à la main, de l'écriture de Fichet probablement; mais il n'a pas les lettres adressées à Charles
de Bourbon et à Bessarion. Il a dû appartenir à
Gabriel Naudé, dont on voit une note signée à la
fin du volume, dans laquelle il rappelle que Gaguin
a parlé de G. Fichet avec éloge, comme lui-même
l'a fait dans son *Addition à l'Histoire de Louis XI*.

Les six autres exemplaires de la *Rhétorique* de

SERENISSIMOAC
MAGNIFICENTIS-
SIMO PRINCIPI CARO
LO CENOMANIE COMI
TI GVILLERMVS FI
CHETVS S P DICIT

G. Fichet qui nous sont connus se trouvent dans des Bibliothèques publiques étrangères. L'un d'eux, sur papier et ne portant pas les lettres à l'adresse de Bessarion et de Charles de Bourbon, fait partie de la riche collection de lord Spencer, ainsi que ce dernier a bien voulu nous le confirmer. Les autres sont remarquables et précieux à divers titres et méritent une description spéciale.

En première ligne, nous devons signaler celui qui est à la Bibliothèque de Bâle (1). Bien que cet exemplaire ne se distingue par aucune enluminure de luxe et qu'il soit sur papier, il a droit au premier rang, parce que c'est celui de J. Heynlin, le collaborateur de G. Fichet. Le bibliothécaire de la Chartreuse de Bâle a en effet écrit cette note au commencement de ce volume :

Liber Cartusientium in Basilea proveniens a d. Johanne de Lapide confratre nostro.

Cet exemplaire est réglé; il a une reliure du temps. Les initiales des chapitres sont peintes en or et en couleurs. Les livres sont numérotés sur les marges d'en haut. Il porte quelques corrections qu'on ne voit pas sur les autres; c'est ainsi qu'à la dernière ligne de la première page, le mot *maxime* a été ajouté, écrit à la main, après le mot *arte*.

Il n'a pas les lettres adressées à Charles de Bourbon et à Bessarion.

Les quatre derniers exemplaires que nous avons

(1) Bibl. de Bâle, A. L. VI, 6.

à décrire sont tous sur vélin et sont des plus intéressants.

Le premier appartient au British Museum; c'est
l'exemplaire offert par G. Fichet au pape Sixte IV.
Il est richement relié; les plats sont recouverts de
soie cramoisie et le dos de satin de même couleur;
on y remarque des traces de fermoirs et d'ornements, qui probablement étaient en argent.

M. Roy, du British Museum, qui a eu l'obligeance de nous envoyer une description de cet
exemplaire, signale une particularité curieuse non
relevée jusqu'à ce jour : tandis que les armes de
Sixte IV (*d'azur au chêne d'or englanté de même*),
sont peintes, ainsi que nous allons le voir, dans
l'encadrement d'une miniature occupant le recto
du premier feuillet, les armes de Paul II, le pré-
décesseur de Sixte IV (*d'azur au lion d'argent à la
bande d'or brochant sur le tout*), sont brodées sur
les plats de la reliure et surmontées non de la tiare,
mais du chapeau de cardinal. Cette particularité,
qui peut paraître incompréhensible tout d'abord,
nous semble explicable par ce fait que l'exemplaire
a pu appartenir, après la mort de Sixte IV, arrivée
en 1484, à un parent de Paul II. Ce parent a pu
être le cardinal Barbo, cousin germain de ce dernier pape, et qui eut toute la confiance de Sixte IV,
auquel il survécut. Le cardinal Barbo aura fait
relier le volume précieux en y appliquant les armes
de sa famille; cette reliure en soie brodée est évidemment italienne.

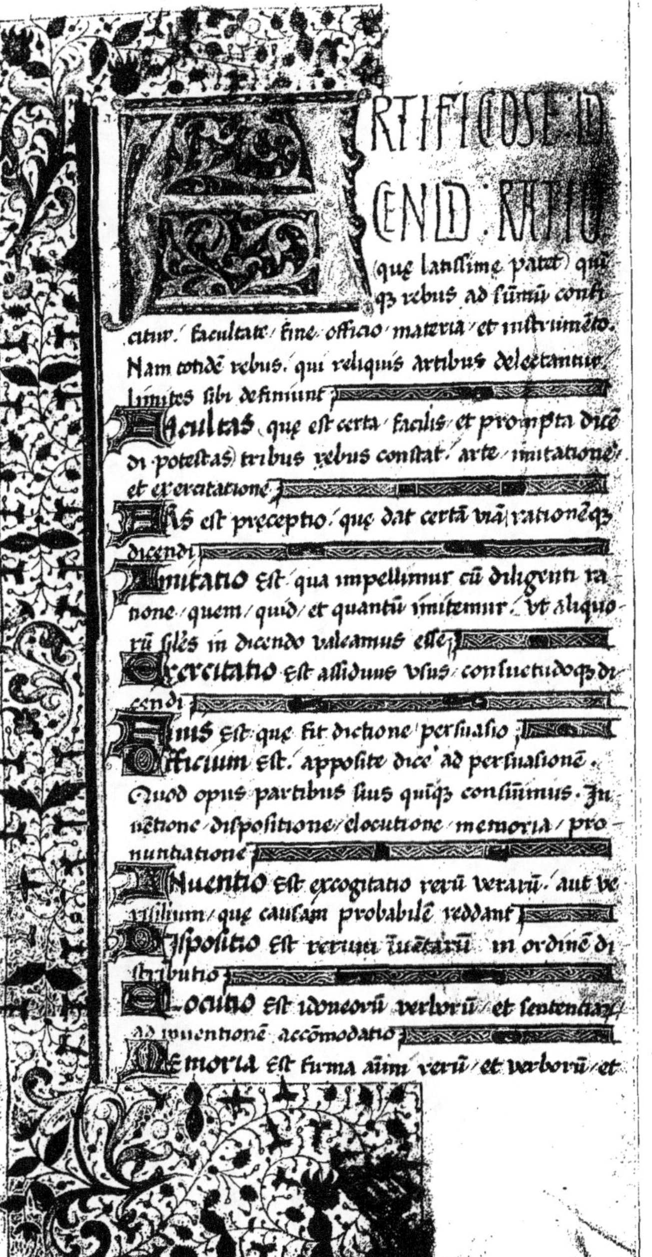

ARTIFICIOSE DICENDI RATIO (que latissime patet) quiq3 rebus ad summu consticatur. facultate, fine, officio, materia, et instrumento. Nam coinde rebus, qui reliquis artibus delectantur, limites sibi definiunt

Facultas, que est certa, facilis, et prompta dicedi potestas) tribus rebus constat. arte, imitatione, et exercitatione

Ars est preceptio, que dat certa via rationeq3 dicendi

Imitatio est, qua impellimur cu diligenti ratione, quem, quid, et quantu imitemur, vt aliquoru siles in dicendo valeamus esse

Exercitatio est assiduus vsus, consuetudoq3 dicendi

Finis est, que fit dictione persuasio

Officium est, apposite dice ad persuasione. Quod opus partibus suis quisq3 consumus. Inuentione, dispositione, elocutione, memoria, pronuntiatione

Inuentio est excogitatio reru verару, aut verisimilium, que causam probabile reddant

Dispositio est rerum inuentaru in ordine distributio

Elocutio est idoneoru verboru et sententiaру ad inuentione accomodatio

Memoria est firma aium veru, et verboru, et

Première page de l'exemplaire manuscrit de la *Rhétorique* de G. Fichet.

L'exemplaire du British Museum est aussi richement enluminé qu'il est luxueusement relié. Le recto
du premier feuillet est tout entier occupé par une
magnifique miniature en couleurs, représentant le
pape assis sur son siège, en costume officiel, et
G. Fichet à genoux offrant la *Rhétorique* au pontife; le costume de G. Fichet est le même que celui
qui est représenté dans la miniature accompagnant
l'exemplaire des *Orationes* de Bessarion, de la
Bibliothèque Vaticane. Dans le fond, à gauche du
pape, se tiennent rangés des cardinaux et des
évêques; en tête des premiers, on voit Bessarion,
reconnaissable à sa barbe à la grecque, et qui fait
un geste comme pour présenter son ami G. Fichet
au pontife; en face de lui, un ecclésiastique porte
la croix grecque. Cette belle miniature, remarquable
par la correction du dessin et l'observation des lois
de la perspective, est entourée d'une admirable bor-
dure peinte en or et en couleurs et composée de
fleurs, d'oiseaux et d'ornements divers; sur le côté
droit, se trouve un écusson portant les armes de
Sixte IV. Nous reproduisons cette miniature en
fac-similé.

Au-dessous de la miniature est écrite à la main
la dédicace suivante :

> Sanctissimo patri Sixto Quarto pó≈
> tifici maximo Guillermus fichetus
> minimus theologorum Parisiensium
> doctorum deuota pedum oscula.

La première et la troisième lignes sont écrites à l'encre bleue, et les deux autres à l'encre rouge.

Le verso du premier feuillet et les trois feuillets suivants contiennent la lettre-dédicace au pape, qui a remplacé les lettres à Charles de Bourbon et à Bessarion signalées dans d'autres exemplaires. Cette lettre commence ainsi : *Ante omnia petenti mihi dabis veniam pater sancte....*, et finit par ces mots : *Vale spes reliqua christianitatis. Edibus Sorbone parisii scriptum, pridie kalendas septembris anno uno et septuagesimo quadringentesimoque supra millesimum* (1).

Après cette lettre, suivent la préface, les trois livres de la *Rhétorique* et les distiques de Gaguin, occupant cent quatre-vingt-onze feuillets, comme dans tous les exemplaires connus. La première page de chaque livre est ornée d'une dentelle portant sur la marge de gauche et la moitié de celles du haut et du bas ; les initiales sont peintes comme dans l'exemplaire sur vélin de la Bibliothèque Nationale ; comme dans ce dernier aussi, les bouts de lignes restés blancs sont remplis par des ornements, avec cette différence que l'or y est mélangé aux couleurs.

Ce précieux exemplaire, avant d'appartenir au British Museum, a été possédé : 1° Par Paris

(1) V. *Recueil* cité des lettres mss. de Fichet et de Bessarion, 2ᵉ partie, lettre XI. — Sixte IV ne répondit à cette dédicace que le 14 février 1472 (V. même *Recueil*, 2ᵉ partie, lettre XII), parce que l'envoi de G. Fichet s'égara ou fut retardé pendant plusieurs mois.

Meyzieu (vendu 604 liv.) ; 2° par Camus de Limare (vendu 750 liv.) ; 3° par Pâris, neveu du précédent (vendu 31 liv. 10 sh.) ; 4° enfin, par Cracherode.

On ne sait comment ni par qui il a été apporté d'Italie.

Un autre exemplaire de la *Rhétorique* de Fichet, aussi précieux, existe dans la Bibliothèque Nationale de Saint-Marc, à Venise (1). C'est celui que l'auteur offrit à son ami le cardinal Bessarion. On sait que ce dernier légua sa bibliothèque à Saint-Marc, comme J. Heynlin légua la sienne à la Chartreuse de Bâle ; l'inventaire des livres et manuscrits du cardinal existe encore à Venise (2), et la *Rhétorique* s'y trouve enregistrée sous ce titre : *Gulielmi Ficheti Theologi Rhetoricorum ad C. Besarionem in pergamino.*

G. Fichet devait offrir un exemplaire de luxe à celui qui personnifiait à ses yeux et la science et l'amitié ; aussi l'ouvrage est-il imprimé sur beau parchemin, tracé et richement enluminé. Les quatre premiers feuillets sont blancs. Sur le recto du cinquième, se trouve une très belle miniature comme dans l'exemplaire de Sixte IV ; on y voit Bessarion assis sous un dais, et devant lui G. Fichet, à genoux, qui lui présente son livre (3), ainsi qu'on peut

---

(1) N° de l'Invent. 41,395, Réserve.

(2) *Classis* XIV, *Cod.* CXI. *Index librorum card. Niceni.* Fol. 73, v°. Nous devons ces renseignements à l'obligeance de M. Jean Veloudo, préfet de la Bibliothèque de Venise.

(3) Citée par Van Praet, d'après Morelli, *Notizia d'opere di disegno nella prima metà del secolo XVI,* etc. Bassano, 1800, in-8, p. 250.

le voir par le fac-similé ci-contre. Sur le verso du cinquième feuillet commence la lettre-dédicace au cardinal, et dont la souscription porte les mots : *Aedibus Sorbonæ parisii scriptum impressumque;* enfin, viennent la préface, les trois livres du Traité et les distiques de Gaguin.

La première page de la dédicace porte une petite dentelle marginale en or et en couleurs; il en est de même sur la première page de la préface. Toutes les initiales du texte sont aussi ornées en or et en couleurs.

Ce volume remarquable ne pouvait qu'être apprécié à sa juste valeur dans la patrie des Alde Manuce, aussi l'a-t-on relié dans le siècle dernier avec un certain luxe et en imprimant à sec, sur la couverture, les armes de la République de Venise.

Le troisième exemplaire de la *Rhétorique*, connu à l'étranger et imprimé sur vélin, appartient à la Bibliothèque de Vienne, en Autriche ; le préfet de la Bibliothèque, M. Birck, nous a confirmé l'existence de ce volume ainsi que la description qu'en ont donnée divers bibliographes, tels que Van Pract et Brunet. Comme ses congénères, il est orné de dentelles marginales et d'initiales peintes en or et en couleurs. Cet exemplaire, relié en maroquin citron, a passé par des phases diverses avant de reposer définitivement dans les collections de Vienne. Il aurait appartenu d'abord à la Sorbonne, du moins des bibliographes l'ont cité comme se trouvant en 1765 dans la Bibliothèque de l'illustre maison ; on le trouve ensuite dans la collection de Gaignat (1) (vendu 182 liv. 10 s.), puis dans celle de La Vallière (2) ; c'est à la vente de cette dernière que la Bibliothèque de Vienne l'a acquis au prix de 401 livres; mais volé à la Sorbonne, on ne sait par qui, vendu successivement dans plusieurs enchères publiques, cet exemplaire devait voyager encore. En 1809, un général bibliomane ou un envoyé français quelconque s'en empara et l'apporta à Paris, où il fut ensuite donné à la Bibliothèque du Roi. Il est probable que les bibliothécaires de Vienne n'avaient pas perdu le souvenir du rapt dont leurs collections avaient été les victimes par droit de conquête, car en 1814 ils réclamèrent le précieux volume qui leur fut restitué.

Mais voici bien une autre vicissitude : cet exemplaire contenait, lorsqu'il fut acheté pour la Bibliothèque de Vienne, les deux lettres adressées à Charles de Bourbon et à Bessarion, manuscrites, ainsi que le signalent le *Catalogue* de Gaignat et Van Praet qui a cru à des copies *modernes n'ayant que ceci de curieux, c'est que l'écriture imitait les caractères des typographes de Paris* — erreur que nous avons déjà relevée. Or aujourd'hui, ces deux pièces manquent au volume auquel elles ont été enlevées probablement dans son dernier voyage de Paris à Vienne. M. Birck, en nous signalant cette barbare mutilation, se tait discrètement sur l'époque où elle

(1) *Cat.*, tome I, p. 379, nᵒ 1441.
(2) *Cat.*, nᵒ 2,227.

a été commise ; il se borne à dire qu'elle est une conséquence des vicissitudes subies par le respectable incunable.

Enfin le dernier exemplaire de la *Rhétorique* sur vélin que nous devons décrire est conservé dans la Bibliothèque de Gotha. Empressons-nous de dire toutefois qu'il ne s'agit plus d'un volume imprimé, mais d'un manuscrit. L'existence de cet exemplaire manuscrit n'a pu qu'étonner et jeter les bibliographes dans une perplexité extrème.

Van Praet, en parlant de cet exemplaire curieux dans le quatrième volume, page 30, de son *Catalogue* des vélins de la Bibliothèque Royale, manifesta d'abord un doute sur la qualification de *manuscrit* donnée au volume par Cyprian dans son *Catalogue* de la Bibliothèque de Gotha. Van Praet pouvait croire à une erreur et penser qu'il s'agissait plutôt d'un imprimé. En effet, ainsi qu'il le faisait observer, c'était l'exemplaire offert par G. Fichet à Charles, comte du Maine, et en tête duquel se trouve la lettre-dédicace adressée à ce prince en date du 1er juillet 1471, lettre qu'on peut lire dans le *Recueil* dit *factice* que nous avons décrit (1). Il était difficile d'expliquer pourquoi G. Fichet aurait fait reproduire sa *Rhétorique* en manuscrit de luxe, pour l'offrir à un prince du sang, juste au moment où il l'offrait avec un légitime orgueil, imprimée et sortant du premier atelier typographique français, au pape, à

(1) Bibl. Nat., Réserve Z, 623.

Bessarion et aux membres les plus élevés de l'épiscopat français ! Et cependant le fait était vrai.

Van Praet, six ans après avoir publié son tome IV, et lorsqu'il fit paraître un supplément à son *Catalogue*, en 1828, dut revenir sur sa première idée ; ayant consulté le bibliothécaire de Gotha, M. Jacobs, celui-ci lui confirma que l'exemplaire en question était bien un manuscrit ainsi que l'avait dit Cyprian, et il lui en envoya la description détaillée. Il n'y avait plus à douter (1).

Nous-même, pour plus de sûreté encore, nous avons consulté le bibliothécaire actuel de Gotha, M. Pertsch, qui s'est empressé de nous répondre que l'exemplaire est *sans aucun doute* un manuscrit, catalogué comme tel dans l'inventaire *Mem.* I, n° 106 ; que la description qu'en donne Van Praet, d'après Jacobs (2), est très exacte et qu'on doit s'y fier entièrement. Nous ne pouvons mieux faire que de reproduire cette description intéressante :

« Il est écrit (le volume) sur parchemin avec beaucoup d'élégance, et orné d'initiales peintes en or et en couleurs, non seulement au commencement des chapitres, mais dans le texte, et presque à chaque période. Tous les alinéas sont marqués de

(1) Voy. *Suppl. au Catal.* de Van Praet, 1828, tome VI, p. 75.
(2) La description de Jacobs a été publiée dans les *Curiosités de la Bibl. ducale de Gotha*, par F. Jacobs et F.-A. Uchert. Leipzig, 1835, tome I, p. 171.

barres plus ou moins longues, enluminées et dorées (1) ; en outre, une des marges, décorée d'ara-
besques exécutées sur un fond d'or mat, offre une
miniature représentant l'auteur en soutane couleur
de pourpre, et en surplis, ayant la tête tonsurée. Il
s'est mis sur un genou pour présenter son livre à un
seigneur assis sur une espèce de trône surmonté
d'un dais, et qui étend les mains vers le livre qui
lui est offert. Derrière l'auteur, un jeune ecclésiastique se tient dans une attitude respectueuse.
Il a la tête nue, tandis que deux autres personnages,
placés auprès du trône et paraissant s'entretenir
ensemble, ont la tête couverte d'un bonnet pointu.
Sous cette miniature (que nous reproduisons en
fac-similé), il y a une inscription en lettres rouges et
noires, ainsi conçue :

« *Serenissimo ac* || *magnificentis* || *simo Caro* || *lo
Cenomanie Comi* || *ti Guillermus Fi* || *chetus S.P. Dicit.*

« Suit la lettre dédicatoire qui remplit quatre
pages. A la fin de la quatrième, on lit ces mots :

« *In parisiensi Sorbona calendis Juliis scriptum 1471.*

« La page suivante commence ainsi :

« *Ficheti alnetani artium et theologie parisiensis
doctoris rhetoricorum librorum prefacio.*

« Cette préface occupe cinq pages, et est terminée de cette manière :

« *Ficheti rhetorice prefacio finis. Incipit liber*

____

(1) Comme dans l'exemplaire sur vélin de la Bibl. Nat.

primus. De quinque rhetoricis elementis artem extrinsecus comprehendentibus omnem.

« Le volume entier se compose de 130 feuillets. A la fin on lit :

IN PARISIORVM SORBONA CONDITÆ
FICHETEE RHETORICE FINIS.
RoBeRTI GAGVINI SEꝗUITUR PANAGeRICus (*sic*)
ī AUCTORĒ.

« Après vient le Panégyrique qui est écrit sur la dernière page, et qui a pour suscription :

« *Patri ac preceptori suo Guillermo*
Ficheto Parisiensi theologo doctori
Robertus Gaguinus S. P. D. »

Ainsi qu'on le voit d'après cette description, l'exemplaire manuscrit de Gotha reproduit exactement le texte des imprimés. Il n'est pas jusqu'à l'arrangement du texte qui ne soit semblable dans l'imprimé et dans le manuscrit, comme on peut s'en convaincre par le fac-similé de la première page que nous donnons ci-contre.

Maintenant comment expliquer la singulière coexistence de cet exemplaire manuscrit et des imprimés ? Sans doute, G. Fichet a cédé à un sentiment des convenances et a pensé que des exemplaires de son travail manuscrits étaient plus dignes d'être offerts aux princes du sang français que des imprimés. Un fait pourrait rendre cette supposition acceptable. Nous avons vu que dans le *Recueil* dit *factice*, cinq lettres d'envoi de la *Rhétorique* sont imprimées, et trois manuscrites. Or ces trois dernières sont à l'adresse de Charles, comte du Maine, de Charles, duc d'Aquitaine, de François, duc de Bretagne. Dans la première, remarquable par l'érudition qu'y déploie G. Fichet, se trouve précisément un passage qui peut avoir une importance pour le point en discussion : G. Fichet dit qu'il offre au comte du Maine son *nouvel opuscule* richement préparé par ceux *qui librarii uiri dicuntur;* les mots *uiri librarii* indiquent qu'il s'agit de copistes et non d'imprimeurs.

On peut donc supposer que G. Fichet offrit sa *Rhétorique* manuscrite aux trois princes.

La question nous a paru assez curieuse pour que nous la soumettions avec quelques détails à nos lecteurs, et pour clore les descriptions des exemplaires connus de l'œuvre originale de G. Fichet.

Ajoutons que plusieurs exemplaires de cette œuvre, autres que ceux qui nous sont connus, ont dû être tirés sur vélin ; tels sont ceux que G. Fichet offrit à Réné d'Anjou, ainsi qu'à ses protecteurs Guillaume Chartier, l'archevêque de Paris, et Jean Rolin, évêque d'Autun (1). Ces exemplaires ont

(1) Il est probable que G. Fichet adressa un exemplaire de sa *Rhétorique* sur vélin à Yolande de France, duchesse de Savoie et sœur de Louis XI; dans l'inventaire de la bibliothèque de cette princesse, dressé en 1479, après son décès, on lit en effet : *Item, ung livre que donnast maistre Guille Fichet quest en parchemin* (sic). — V. *Protocole* de Claude Bocher, notaire ducal; Archives de Cour, à Turin.

subi le sort du plus grand nombre des volumes sortis de la presse de Sorbonne qui ont disparu (1).

La *Rhétorique* de G. Fichet, dont de Boze possédait un exemplaire orné et relié en maroquin citron (2), est citée par Hain, n° 7,057, Panzer, tome II, p. 270, M. Madden et tous les bibliographes qui ont parlé de l'établissement de l'imprimerie à Paris (3).

Après avoir décrit chacun des quatre précieux incunables qu'on doit considérer comme ayant inauguré la presse de Sorbonne, il nous reste à les examiner au point de vue de l'ensemble du travail typographique ; ce que nous dirons à ce sujet pourra s'appliquer, en majeure partie, aux volumes qui les ont suivis.

On a pu juger de la forme des caractères employés par les prototypographes parisiens, grâce aux fac-similés que nous avons donnés. Ces .caractères ont servi pour l'impression de tous les volumes sortis de l'atelier de Sorbonne. Bien que

---

(1) Le manuscrit intitulé *Historia Sorbonica* (Bibl. de l'Arsenal, à Paris, n° 1020, p. 222) dit qu'il existait dans la Bibliothèque de la Sorbonne un exemplaire de la *Rhétorique* portant la note suivante : *Dominus Guillelmus Ficheti, doctor in sacrâ paginâ socius bursarius hujus famatissimi collegii Sorbonæ; hanc suam de Rhetoricâ novam editionem dicto collegio donavit in magnâ libreria incattenandam. Orate pro eo.* Cet exemplaire a disparu.

(2) *Cat.* de Boze. Paris, 1745, p. 98.

(3) A la vente Gaignat, un exemplaire a été vendu 182 liv. 10 s. Brunet (tome II, col. 1242) cite les prix auxquels d'autres exemplaires sur papier ont été vendus dans des ventes publiques : La Vallière, m. r., 91 fr.; Brienne, m. v., 120 fr.; Sykes, 8 liv. 12 sh. et 4 liv. 6 sh. Heber ; Chenest, en 1853, 550 fr., et le même exemplaire, en 1855 salle Sylvestre, 555 fr.

la fonte en soit parfois défectueuse, ils valent mieux que les caractères gothiques si répandus à la fin du xve siècle ; tout au moins ils forment un texte plus facile à lire.

Comme remarques générales, il faut signaler que, suivant l'usage adopté pour la transcription des manuscrits, les abréviations sont très nombreuses dans les premières impressions parisiennes, ainsi que, du reste, cela a été partout, à la naissance de l'art typographique. Les premières impressions reproduisirent servilement les manuscrits ; à tel point, que certains prototypographes, ayant imprimé la date écrite par l'auteur ou le copiste pour indiquer l'époque à laquelle l'un ou l'autre avait terminé son œuvre, on a pris cette date pour celle de l'impression, ce qui n'a pas manqué d'occasionner des erreurs assez nombreuses.

Les abréviations de nos prototypographes sont non seulement multipliées, mais encore distribuées très irrégulièrement ; la même syllabe médiane ou la même syllabe finale, répétée dans la même page, se trouve abrégée ou non abrégée, ce qui est la preuve principale de la servilité avec laquelle le compositeur copiait les manuscrits.

Il faut noter, à l'avantage de nos prototypographes parisiens, que du premier jour ils ont employé les lettres doubles æ, œ, que beaucoup d'imprimeurs du xve siècle ne possédaient pas et ont remplacées par un *e*, toujours suivant le mode adopté dans les manuscrits. Gering et ses compagnons ont

sacrifié parfois à cet usage et se sont servis d'un
e cédille pour l'*æ* ou l'*œ,* commettant ainsi,
on doit l'avouer, une incorrection qu'ils pouvaient
éviter. Parfois aussi ils ont employé les deux
lettres séparées *ae* pour l'*æ* accolé; toutes ces
variations étaient la reproduction exacte de celles
que contenaient les manuscrits de cette époque.

L'*u* de bas de casse remplace le *v* qui n'existait
dans la fonte de Gering que comme lettre capitale;
l'*i* et le *j* sont employés indistinctement, autre usage
commun à cette époque et qui a persisté longtemps
même après l'emploi du *v* et du *j* consonne (1).

Quant aux signes de ponctuation, on a pu aussi
s'en rendre compte par les fac-similés. Ils consistent
dans le *point,* la *virgule,* le *point-virgule* (2), le
point-virgule renversé, et même une sorte de
point d'interrogation dont l'emploi est fait souvent
sans que la phrase revête une forme interrogative.
Ces signes semblent placés non pas tout à fait au
hasard, mais sans entente bien correcte de la division du texte.

Il n'est pas aisé de comprendre quelle différence
on a pu vouloir établir entre le *point-virgule* droit
et le *point-virgule* renversé qui devient un *point
d'exclamation.* Le *point* est souvent placé au milieu
d'une phrase, là ou une *virgule* trouverait son

(1) Quelques-uns attribuent à Gilles Beys, imprimeur à Paris à
la fin du xv⁰ siècle, le premier emploi du *v* et du *j* consonne.

(2) Cela contredit l'opinion, avancée par quelques auteurs, qui
prétendent que la *virgule* et le *point-virgule* n'ont été introduits
dans la typographie qu'en 1494, par Alde Manuce.

emploi. Enfin le *point-virgule* remplace le *point* à la fin des phrases. C'est encore là une imitation des manuscrits : tâtonnements, essais qu'on vit se reproduire un peu partout dans les premiers temps de l'imprimerie.

L'examen attentif du texte de nos prototypographes donne lieu encore à d'autres remarques qui ne laissent pas d'être intéressantes. Il résulte de cet examen que le poinçon ayant servi à préparer les matrices d'une même lettre n'était pas unique. Pour tout œil exercé, il est facile en effet de reconnaître des différences très sensibles, sinon dans la forme générale, du moins en certains détails, dans les contours ou la force des jambages de deux mêmes lettres, capitales ou de bas de casse. Cette différence est frappante surtout dans les *i*, dont les uns portent le point, qui n'existe pas dans les autres ; la force, l'épaisseur des premiers ne sont pas semblables à celles des seconds ; bien mieux, les *i* appartenant à une seule de ces deux espèces diffèrent parfois entre eux.

La même observation peut être faite sur les signes de ponctuation ; le *point*, portant au milieu du corps des lettres et non au bas, paraît avoir été formé du *point-virgule* dont on aurait fait sauter la *virgule;* cette dernière même est de deux sortes, l'une faible, pour l'intérieur du texte, et l'autre plus forte pour les bouts de lignes. Il n'est pas jusqu'aux *signets* qui encadrent, par exemple, la première lettre de chacun des distiques que nous avons reproduits du texte des *Epistolæ* de Gasparino, qui ne soient dissemblables entre eux. Ces différences entre les mêmes lettres sont la conséquence du système de fonte primitif, au moyen de matrices en plomb qu'il fallait refaire souvent.

On voit par ces exemples quelles difficultés eurent à surmonter les pères de la typographie française dans la préparation de leur matériel.

Nous avons décrit les enluminures enrichissant certains exemplaires des volumes dont nous avons parlé. Alors, et suivant une coutume longtemps conservée par les imprimeurs, le texte d'un ouvrage était apprêté de manière à recevoir ces enluminures en couleurs et en or, telles qu'on en plaçait dans les manuscrits. Succédant à ces derniers, les volumes imprimés devaient comme eux attirer les regards par des dessins en couleurs au goût de l'époque ; une transition brusque à cet égard aurait risqué de faire juger désavantageusement le nouvel art en lui donnant une sécheresse inaccoutumée dans la forme. Parfois les enluminures étaient riches et prodiguées dans le corps du volume, surtout si ce dernier était tiré sur vélin ; nous en avons vu un spécimen dans des exemplaires des *Orationes* et de la *Rhétorique* de G. Fichet. D'autres fois, les enluminures étaient plus simples et moins nombreuses ; c'est le cas du premier des exemplaires des *Epistolæ* de Gasparino que nous avons décrits.

La place des grandes lettres initiales était

laissée en blanc, portant sur la tète de plusieurs lignes ; c'était à la confection de ces initiales en même temps que des ornements marginaux, que s'exerçait l'habileté des enlumineurs et imagiers, dont quelques-uns étaient, nous l'avons déjà dit, de véritables artistes.

On s'est préoccupé de la question relative au nombre d'exemplaires de chaque ouvrage imprimé dans l'atelier de Sorbonne. Rien ne peut éclairer d'une manière précise ce point de détail. Les *Orationes* de Bessarion avaient été distribuées, on l'a vu, au nombre de quarante-six exemplaires à la date du 21 mars 1471 ; ce chiffre n'a pas été dépassé de beaucoup, le volume ayant eu une destination spéciale, restreinte. Le tirage des *Orationes* a pu être limité au nombre strictement nécessaire à G. Fichet ; la *Rhétorique* a pu être imprimée en nombre plus considérable que celui des *Orationes*. Quant aux *Epistolæ* de Gasparino, et au *Salluste*, leur tirage a certainement été plus important encore, et on en peut dire autant des impressions *qui ont suivi*, ces publications étant destinées à la vente. On suppose que ces volumes ont été tirés à deux ou trois cents exemplaires environ.

Mais après avoir décrit les produits rudimentaires *du premier atelier typographique français*, et signalé les défectuosités inévitables qu'ils présentent, nous devons terminer notre rapide exposé par un éloge incontestable dans sa vérité : *les volumes imprimés en Sorbonne méritent un éclatant* hommage pour la netteté et la régularité de leur tirage.

Et ce n'est pas exagérer que de parler dans ce cas d'hommage éclatant ; tout homme du métier sait qu'aujourd'hui même, avec la presse à bras, en fer, perfectionnée, il se présente à chaque instant des difficultés, il se produit certains accidents qu'il n'est pas possible d'éviter. Que devaient être ces difficultés et ces accidents avec la pauvre presse en bois dont se servaient nos prototypographes parisiens ? Presse primitive, pareille du reste à celle de tous les imprimeurs de ce temps-là, type, disons-le en passant, qui ne commença à être perfectionné que vers le milieu du xvie siècle, époque à laquelle, assure-t-on, Léonard Dauner, de Nuremberg, remplaça les vis de bois par des vis en laiton ! Cet instrument n'était autre, sauf peut-être une précision plus grande, que le *pressoir* ordinaire encore en usage dans nos campagnes et qui, lui, n'a vu qu'il y a quelques années s'opérer la transformation de ses vis de bois en vis de fer. C'est à la presse en bois que remonte l'origine de la locution, encore aujourd'hui fréquemment employée mais à tort, *faire gémir la presse*, pour dire faire imprimer un ouvrage. La presse en bois gémissait, en effet, et d'autant plus que deux coups de *barreau* étaient nécessaires pour imprimer une forme.

Ah ! ces grincements, irritants pour les oreilles des profanes, ne parurent point sans doute si désagréables à nos trois prototypographes et à leurs deux guides et protecteurs. Le lecteur ne voit-il pas ces vénérables apôtres du nouvel art pris d'une fiévreuse attente, au moment où les premiers grincements de leur presse allaient se faire entendre? Ne pouvons-nous pas reproduire dans notre esprit le tableau intéressant, émouvant, que présentèrent les trois Allemands travaillant à la *mise en train*, ajustant les formes apprêtées pour le tirage et qui renfermaient le texte dicté peut-être par G. Fichet et J. Heynlin eux-mêmes aux compositeurs-imprimeurs (1)? Les deux sorbonistes sont là, suivant d'un œil anxieux tous les préparatifs; et quand le *tympan* s'est abattu sur la forme, que celle-ci a été repoussée sous la *platine,* au moyen du *train*, nous les voyons tressaillir au premier gémissement de la presse qui annonce l'accomplissement de l'œuvre glorieuse à l'exécution de laquelle ils s'étaient voués!

Quelle ne fut pas leur joie à l'apparition de la première feuille imprimée des *Epistolæ* de Gasparino! Avec quelle satisfaction, mêlée d'un peu d'orgueil, G. Fichet contempla la première épreuve du texte imprimé de sa préface de l'œuvre de Gasparino, formant les premiers feuillets du premier livre imprimé sur la terre de France!

Avec quel sentiment de joie J. Heynlin se mit à

(1) Pendant un certain temps, les compositeurs ont fait leur travail non pas en lisant eux-mêmes les manuscrits, mais sous la dictée d'un *anagnoste*, soit lecteur, qui était ordinairement un érudit.

lire le commencement de ce texte qu'il avait revu, corrigé, émondé, et dont il voulait faire une œuvre digne du pays pour l'honneur duquel lui et son ami G. Fichet travaillaient !

Mais cette joie, cette satisfaction grande que ressentirent sans aucun doute J. Heynlin et G. Fichet, ne purent être sans nuages. Les difficultés, nous le répétons, ne pouvaient que se présenter nombreuses dans le cours du travail, eu égard à l'état défectueux des instruments. L'encre ne se distribuait pas alors comme aujourd'hui au moyen d'un rouleau moulé et uni, invention toute moderne du reste, mais simplement avec des *balles* emmanchées et faites de fragments de peau superposés ; l'aide de l'imprimeur tenait de chacune de ses mains l'une de ces *balles* qu'il appliquait sur les formes. Ce qu'on appelle actuellement la *frisquette*, destinée à régulariser le tirage, n'existait pas et on ne se servait que du *tympan,* tendu de parchemin et seul chargé de procurer à la pression de la *platine* sur la *forme* l'élasticité nécessaire pour assurer un tirage égal et protéger les caractères. Et cependant, encore une fois, malgré les difficultés de toutes sortes auxquelles se heurtaient les prototypographes parisiens, leurs premiers tirages sont incontestablement remarquables au point de vue de la régularité de la pression, de l'uniformité dans le ton de l'encre qui ne laisse apercevoir aucune bavure.

En tenant compte des conditions dans lesquelles

s'est effectué ce premier essai de la typographie en France, on peut affirmer qu'il ne le cède en rien, sous le rapport du tirage, à ce qui s'est fait plus tard, alors que l'expérience eut appris aux typographes à vaincre les difficultés premières.

Pour ces motifs, ne devons-nous pas rendre un éclatant hommage aux vénérables introducteurs de la typographie dans la patrie française ?

CHAPITRE VII

Suite de la description des volumes imprimés dans l'atelier de
Sorbonne, en 1471. — *Aug. Dati Libellus*, volume non cité jusqu'à
ce jour; exemplaire unique à Bâle. — *Phalaridis Epistolæ;* exemplaires connus en France et à l'étranger. — *Platonis Epistolæ*,
volume considéré comme introuvable jusqu'à présent; exemplaire
unique conservé à Bâle. — *Vallæ liber Elegantiarum.* — *De
duobus Amantibus*, et *De Miseria Curialium*, d'Æneas-Sylvius
Piccolomini (Pie II); exemplaires connus de ces ouvrages. —
Publii Virgilii Bucolica et Ægloga. Volumes qu'on a supposé
avoir été imprimés en Sorbonne en 1471, mais dont on n'a pas vu
d'exemplaires.

On doit reconnaître que l'activité déployée par
nos prototypographes parisiens fut remarquable,
dans les premiers mois de l'existence de l'atelier de
Sorbonne. Cette activité exceptionnelle ne semble
pas s'être ralentie pendant toute l'année 1471, car
un assez grand nombre de volumes paraissent
avoir été imprimés dans cette année.

Nous n'avons point la prétention d'établir un
ordre chronologique rigoureux, présentant les
dates exactes où a paru chacun des volumes
sortis des presses de Sorbonne ; aucun des documents que nous avons pu consulter ne nous a fourni

les indications nécessaires pour dresser un pareil tableau. Ce n'est que par certains faits corrélatifs, que nous avons donné une sorte d'état civil aux premiers volumes imprimés, ainsi que nous pourrons le faire pour deux ou trois de ceux qui ont suivi ; mais pour le plus grand nombre, on ne peut s'en rapporter qu'à de vagues données telles, par exemple, que le plus ou le moins d'usure du caractère.

On a voulu établir une sorte de synchronisme entre quelques-uns des volumes de l'atelier de Sorbonne, en s'appuyant sur ce fait qu'on les a trouvés réunis et reliés ensemble. Mais ce genre de preuve n'a aucune valeur, car on rencontre le même ouvrage relié avec divers de ses congénères. L'assemblage des ouvrages de longue haleine a été parfois le fait du hasard, ou, pour la plupart des cas, le fait d'une combinaison voulue par le propriétaire qui a réuni ceux qui traitaient d'un même ordre de matières ou d'idées ; on en a un exemple frappant, ainsi qu'on le verra, dans les volumes reliés provenant de Jean Heynlin et conservés dans la Bibliothèque de Bâle.

Au résumé, les volumes ne contenant aucune mention de date ni de lieu, et n'attestant leur communauté d'origine que par la similitude incontestable du caractère avec lequel ils ont été composés, on doit se contenter de leur assigner un rang *probable* dans l'ordre chronologique, et de les considérer, dans leur ensemble, comme formant l'œuvre complet de l'atelier prototypographique de Paris, sans prétendre, encore une fois, à une exactitude indiscutable.

C'est sous le bénéfice de ces réserves que nous allons entreprendre de décrire les volumes qui ont suivi ceux que nous avons cru pouvoir placer en tête de la liste.

V. Augustini Dati Isagogicus Libellus. — In-4°.

Nous plaçons au nombre des premiers imprimés par l'atelier prototypographique de Paris, ce volume absolument nouveau dans les annales bibliographiques françaises. Aucun catalogue ne l'a cité jusqu'à ce jour, et il est resté inconnu à Panzer, à Hain, à Brunet et aux bibliographes plus modernes. Nous l'avons trouvé dans la bibliothèque de Bâle (1), relié avec un manuscrit intitulé : *Marci Tullii Ciceronis novorum rhetoricorum libri ;* il provient de la Chartreuse de Bâle dont le bibliothécaire a indiqué l'origine du volume en ces termes : *Liber Cartusiensium in Basilea proveniens a d. Johanne de Lapide confratre nostro.* — Reliure contemporaine en bois recouvert de veau naturel, avec traces de fermoirs.

C'est l'exemplaire de J. Heynlin lui même : le manuscrit est annoté de sa main.

(1) Bibl. de Bâle, F. IV, 36.

A ces marques d'authenticité vient s'en ajouter une autre aussi incontestable, à savoir, la similitude parfaite du caractère avec celui des autres volumes imprimés en Sorbonne : aucun doute ne peut être élevé à ce sujet ; même papier fort et sonore ; même nombre de lignes, vingt-trois à la page. Comme preuve de la provenance évidente de ce volume, nous en reproduisons la première page en fac-similé.

Les caractères en sont parfaitement conservés, et c'est un des motifs qui nous ont fait placer ce volume au nombre des premiers imprimés ; et en effet, le traité de grammaire de Datus était très répandu à cette époque, il était même le seul employé dans l'enseignement ; nos éditeurs sorbonistes ne purent tarder à le faire imprimer.

L'ouvrage de Datus est un in-4° comptant quarante-quatre feuillets utiles et deux blancs à la fin : quatre cahiers de dix feuillets *(quinternions)* et un de six feuillets *(ternions)*. Sur le recto du premier feuillet on lit le titre reproduit par notre fac-similé.

A la fin, sur le verso du feuillet 44, on lit :

Operis peroratio

Ne igitur plura scribam *!* hec mihi sese impressentiaɤ obtulerunt *!*...... Vale ;

Augustini dati Senensis oratoris primarii
Isagogicus libellus in elocutionis precepta
finit feliciter ;

Chaque chapitre a son titre en belle ligne et

AVGVSTINI DATI Senensis Ïsago/
gicus libellus in eloquētiæ p̄cepta,ad An-
dreā dn̄i christoferi filiū fœliciter incipit;

Redimus iamdudū a plerisqꝫ niris
etiam disertissimis p̄uasi·tum de-
mum artem quēpiam in dicēdo nō
nīllam adipisci·si ueterum sectatus
uestigia, optima sibi quisqꝫ semp adimitandū
p̄posuerit·Neqꝫ enī qui diutius in. M·Cice/
ronis lectione uersatus sit·nō in dicēdo,& or-
natus,& copiosus esse poterit· Nam & hortio
diora crebrius cōsectati·ipsi quoqꝫ aridi ieiuni
& inculti fiant necesse est ·℘ Lectitāti igitur
mihi Ciceronis uolumia(q̄ eloquētiæ parentē
appellaueri)pauca annotatioē digna uisa sūt·
quibus si utemur,uulgariū sermonē aspernati·
ad eloquentiā p̄ximius accedemus;

Primum p̄ceptum· uarietati,cōmutationiqꝫ
ut studeamus;

Sed cum id imprimis quisqꝫ admouendus. sit·
quod rhetor ille diligētissimus,& insignis ad
modum orator,fabius Quītilianus de oratioīs

Première page du *Datus*, conservé dans la Bibliothèque de Bâle.

marqué par un signet bleu ou rouge ; on ne remarque aucune lettre initiale ornée ou peinte. C'était
un ouvrage courant, uniquement destiné à être
vendu.

Il est probable que ce fut une édition *princeps*.
Les deux plus anciennes éditions typographiques
connues jusqu'à ce jour sont contemporaines de
celle de l'atelier de Sorbonne ; mais ni l'une, celle
de Ferrare 1471, ni l'autre, celle de Cologne, imprimée vers la même époque avec les caractères
d'Ulrich Zell, ne portent le même titre que la nôtre.

Nous sommes heureux d'avoir restitué à l'atelier
de la Sorbonne cette édition, qui a passé inaperçue
jusqu'à ce jour.

VI. Phalaridis agrigentini Epistolæ, etc. — In-4°.

Ce recueil de Lettres apocryphes de Phalaris,
de M. Brutus et de Cratès le Cynique (1) traduites du
grec en latin, doit avoir été un des volumes in-4°
imprimés dans l'atelier de Sorbonne, à une date
rapprochée de celles où furent publiés les précédents.

Il contient quatre-vingt-deux feuillets utiles. Le
texte est divisé en quatre parties dont voici les titres :

    1° **Francisci Aretini** ! phalaridis agrigentini
    in epistolas, ad illustrem principem malatestá
    nouellum de malatestis, prohemiú incipit;

(1) Phalaris, tyran d'Agrigente. — Marcus Junius Brutus, neveu
de Caton d'Utique. — Cratès, philosophe de la secte des Cyniques.

Cinquante-six feuillets. A la fin du texte on lit :

Epistolar̄, Phalaridis fœlix finis :

2° Raimitii *!* in catalogum Mitridatis de epi⩵
stolis. M. bruti ad Nicolaú quintú ponti⩵
ficem maximum *!* præfatio fœliciter incipit;

Un feuillet et une page.

3° Mitridantis in Catalogum. M. bruti epi⩵
stolar̄, ad Mitridātē nepoté ,phemiú incipit;

Quinze feuillets et une page. — En tout dix-
sept feuillets, pour les Lettres de M. Brutus.

Cette partie se termine, sur le recto du dix-
septième feuillet, par cette ligne :

Catalogus epīar̄ bruti finit fœliciter ;

Au bas du verso du dix-septième feuillet, se trouvent sept vers servant de préface aux Lettres de
Cratès qui forment la quatrième partie du volume ;
ces vers sont précédés de cet intitulé :

Epigramma in catalogú epīar̄ Cratis
cynici, Diogenis discipuli ;

La première lettre de chaque vers est séparée
du reste du mot par un espace laissé en blanc,
ainsi qu'on l'observe dans plusieurs pièces de vers
accompagnant des éditions de Sorbonne :

H æ tibi uirtutū stimulos, & semina laudú .
A tq3 exēpla dabút cynicæ, o lector studiose.

4° **Atanasius Constantinopolitanus,**
archiensis abbas, ad diuum p'ncipem
Karolum Aragonum, p'mogenitum ;

Lettres de Cratès. — Neuf feuillets.
A la fin des Lettres on lit :

Finis Cynicaɾ Cratis ;

Sur le verso du dernier feuillet se trouvent huit
vers latins adressés aux prototypographes parisiens par Ehrard Windsberg, auteur aussi, très
probablement, de la pièce qui précède les lettres
de Cratès. Voici la traduction de ces huit vers qui
terminent le volume :

« Erhard Windsberg aux éminents imprimeurs
(*librarii*) allemands Michel, Martin et Ulrich ;
« Allemagne tu as droit à toutes nos louanges ;
mais je ne pense pas que tu inventas rien de plus
grand que cet art presque divin d'imprimer et
d'écrire qui multiplie les moyens de s'instruire.
Vivez donc toujours heureux, Michel, Martin et
Ulrich qui avez imprimé ce volume ! Puissiez-vous
continuer à trouver Ehrard digne de votre amitié,
lui qui vous portera toujours dans son cœur. »
La précaution prise par Ehrard Windsberg de
rappeler l'invention de l'imprimerie et les bienfaits
qu'il faut en attendre, est une preuve que le volume
des *Lettres de Phalaris* est bien un des premiers
imprimés en Sorbonne.

La Bibliothèque Nationale de Paris possède deux exemplaires de ce volume (1).

Le premier est relié en maroquin rouge, avec les armes royales ; il provient de la Bibliothèque du Roi.

Il a les tranches rouges. Les grandes lettres initiales de chaque livre sont peintes en couleurs, et les capitales des paragraphes en bleu ou en rouge.

Le premier vers de la pièce d'Ehrard est corrigé à la main, et au lieu de

Plura licet summæ dederis Allemannia laudi.

On a écrit :

Plura licet summæ dederis tu Argentina laudi, remplaçant ainsi le nom d'*Allemagne* par celui de *Strasbourg*, ville où Gutenberg se fixa un instant.

Voilà encore une preuve que les contemporains de Gutenberg l'ont bien considéré comme le véritable inventeur de l'imprimerie.

Cet exemplaire a pu appartenir à G. Fichet, car on y remarque quelques corrections et annotations qui sont de son écriture fine et serrée. C'est probablement lui qui a remplacé le mot *Allemannia* par celui d'*Argentina*.

Le deuxième exemplaire de la Bibliothèque Nationale est aussi relié en maroquin rouge ; il a les tranches dorées et les marges petites, amoindries

____

(1) Bibl. Nat., Réserve Z, et Z 542.

par le couteau du relieur. Il a appartenu à la Sorbonne dont il porte le cachet.

La première page de chacun des livres est ornée d'une dentelle en or et en couleurs occupant le tiers de la marge de gauche. Les grandes initiales des livres sont peintes de la même manière, et celles des paragraphes en bleu ou en rouge.

La correction manuscrite que nous avons signalée dans le premier vers de la pièce d'Erhard Windsberg, sur le premier exemplaire, n'existe pas sur celui-ci.

La Bibliothèque Mazarine possède un fragment du volume des *Lettres* de Phalaris ; ce fragment est relié avec un autre volume de l'atelier de Sorbonne, le *Florus* (1) ; il ne contient que les lettres apocryphes de Brutus, dix-sept feuillets ; mais, particularité à noter, les vers d'Erhard Windsberg se trouvent à la fin de cette partie, tandis que dans les exemplaires complets ils sont placés après la quatrième partie qui termine le volume. Cela semble prouver que nos prototypographes firent parfois des tirages à part dans les volumes qu'ils imprimèrent.

La Bibliothèque de Bâle possède cet ouvrage provenant de J. Heynlin ; il est réglé et relié avec les *Epistolæ Gasparini* (2) ; l'exemplaire est complet, mais les *Lettres* de Phalaris se trouvent à la fin au lieu d'être au commencement ; les vers

---

(1) Bibl. Maz., n° 17,144, *Incunables*.
(2) Bibl. de Bâle, A. L., VI, 5.

d'Erhard Windsberg sont bien à la fin des *Lettres* de Cratès qui occupent le milieu du volume.

Le British Museum a aussi un exemplaire de ce volume, ainsi que la Bibliothèque de Vienne (Autriche).

On le trouve mentionné dans Hain, n° 12,885 ; Panzer, tome II, p. 271 ; Spencer, tome II, p. 229, n° 346 ; Crevenna, n° 5,543 ; La Vallière, n° 4,426 ; Gaignat, n° 2,546 ; de Bure, tome II, B. L., p. 307, n° 4,110 ; Brunet, tome IV, 1ʳᵉ part., col. 595. — Ce dernier indique les prix de vente suivants : 31 francs La Vallière ; 36 francs Daguesseau ; 18 florins Crevenna ; 106 francs Riva ; 5 liv. Libri en 1859. — A la vente Firmin Didot (juin 1881), un exemplaire (n° 443 du catalogue) portant une reliure moderne en maroquin bleu et doré sur tranches, s'est vendu 430 francs, bien qu'il fût traversé de part en part par une piqûre de ver.

En publiant les *Lettres* de Phalaris, nos éditeurs de Sorbonne ont cédé à une vogue du moment. Les Lettres de Phalaris, de M. Brutus et de Cratès, bien que reconnues comme apocryphes, sont remarquables par leur style, et sont considérées comme très anciennes (1). De nombreuses éditions de cet ouvrage ont été faites dans les premiers temps de l'imprimerie, et nous n'oserions dire que celle de Sorbonne a été une édition *princeps*.

---

(1) Voir, pour ce qui concerne les Lettres de Cratès, l'article de Boissonnade dans les *Notices et extraits des manuscrits de la Bibliothèque du Roi*, tome II, 1827, 2ᵉ partie, page 1.

VII. Platonis Epistolæ. — In-4°.

Nous croyons devoir placer ici ce volume, qui
a pu faire suite aux *Epistolæ* de Gasparino, de
Phalaris, de Brutus et de Cratès. Il est un de ceux
des volumes de Sorbonne qui ont presque disparu,
et c'est pourquoi il n'est cité que par cinq bibliographes ou auteurs de catalogues, et que certains
ont même douté de son existence. Le catalogue de
Crevenna en donne une description abrégée, relatée
par Brunet et par M. Madden ; Hain et Panzer le
citent aussi (1).

Depuis Crevenna, les *Epistolæ* de Platon avaient
disparu ; on n'en connaissait aucun exemplaire.
Nous les avons retrouvées dans la précieuse collection de Bâle (2) où nous les avons examinées atten-
tativement. Ce volume est en tout semblable, au
point de vue matériel, aux autres impressions de
l'atelier de Sorbonne ; il n'y a pas le moindre doute
à avoir sur son origine : format, papier, caractères,
nombre de lignes, tout démontre l'identité la plus
parfaite de cet incunable avec les autres in-4° de l'atelier prototypographique parisien. On peut s'en
convaincre en examinant la première page que
nous reproduisons en fac-similé.

Ce volume, peut-être unique aujourd'hui,

____

(1) 2° *Cat.* de Crevenna, n° 1123. — Brunet, tome IV, 1re partie, col.
704. — Madden, ouv. cité, p. 175. — Hain., n° 13,066. — Panzer,
tome II, p. 339.

(2) Bibl. de Bâle, A. N. V. 3.

Ad prudentem & magnificum uirum
Cosmaã de mediis florentinũ, Leonardi
Aretini clarissimi oratoris, in eptas pla
tois quas ex gręcis latinas fecit. p̄fatio.

Nter clamosos strepitus, nego
tiorũcp procellas, quibus floren
tina palatia (quasi euripus qui
dam) sursum, deorsumcp assidue
fluctuant. cum singula, nõ dicta
modo, sed uerba etiam interrumperent̃. tamẽ
(ut potui) latinas effeci platonis eptas. Quas
nunc tibi dono dedo, atcp mitto. putãs multo
p̄tiosius quiddam ad te mittere. q̃ si tãtidem
pondo auri dilargirer. A te certe longe cari
us, gratiuscp existimandum. Etenim aurum q
dem tibi abunde est. Sapiẽtia uero, nec tibi,
nec alteri cuiq̃ hominũ abunde. Deinde, quæ
cõparatio iusta esse potest, aurũ inter, & sapi
entiam. ad quã non solũ opulentia ista priua
torum eximia, uerẽetiam regum opes, atcp po
tentia, fascescp, & imperia compata, uilescũt
fragilia nempe bona ac nescio n omnino bo

Première page des *Epistolæ* de Platon, conservées dans la
Bibliothèque de Bâle.

est relié en maroquin rouge, avec des filets dorés à l'extérieur et à l'intérieur des bords ; le verso des plats de la reliure et le recto des feuilles de garde sont garnis de soie bleue ; c'est une reliure à la Bradel.

Il y a un feuillet blanc au commencement et deux à la fin ; le texte occupe quarante-neuf feuillets de vingt-trois lignes à la page.

Le texte commence ainsi :

> Ad prudentem et magnificum uirum Cosmá de Medicis florentinū Leonardi Aretini clarissimi oratoris, in eptas pla≈ toís quas ex grecis latinas fecit! pfatio.

Puis vient une seconde préface.

Les lettres commencent par celle-ci :

> Dionis epistola ad dionysium tyránum cum ignominiose repellentem.

Voici le détail des Lettres de Platon :

Plato Dionysio (2 lettres). — *Id. dioni Syracusano* (2 lettres). — *Id. atheniensis herinie, Erasto, et doristo. — Id. hypparino, ceterisque principibus Syracusas optinentibus. — Id. atheniensis syracusanis. — Id. atheniensis archite tarentino. — Id. atheniensis amynte. — Id. atheniensibus. — Eschines atromiti. — Rex macedonum philippus atheniensium Senatui plebique Salutem.*

FINIS.

Les quatorze dernières lignes de ce texte portent sur le verso du dernier feuillet.

Après le mot *finis* on lit :

> Discite rectores, diuinitus, ore platonis*!*
> Quid uos, q̃d ciues reddat in urbe bonos.

Ce volume n'a pas d'enluminures ; seule la grande initiale du premier chapitre est peinte en or et en couleurs ; dans le reste du texte, les initiales sont peintes en couleur rouge ou bleue.

VIII. Liber Elegantiarum L. Vallæ. — In-folio.

Parmi les volumes imprimés en Sorbonne pendant l'année 1471, on doit compter celui que nous désignons par le titre ci-dessus. Ce fut probablement le premier in-folio mis au jour par l'atelier prototypographique français. Son premier titre complet est celui ci :

> Excellentissimi acutissimiq3 grámatici et ora≈
>   [toris Laurentii.
> Vallæ, in libꝛ) elegantiaꝛ) suaꝛ) ͵plogus fœliciter
>   [incipit.

Il a deux cent soixante-dix-neuf feuillets utiles, à trente-deux lignes longues par page.

Il commence par une lettre-préface de Paul Senilis, secrétaire du roi, à l'adresse de J. Heynlin. On apprend par cette lettre que, sur la prière de

J. Heynlin, Paul Senilis revit le texte de Laurent
Valla, maltraité par les copistes ; mais il doute,
dit-il, de son érudition pour mener à bien un pareil
travail ; il lui manque le temps et la science.
« Et puis, continue-t-il, au milieu des orages de
« notre temps, ce n'est pas de la plume et du pa-
« pier qu'il faut savoir se servir, c'est plutòt le
« cheval et l'épée qu'il faut savoir manier. »

Bref, Paul Senilis dit n'avoir pu parcourir que
très rapidement le texte de L. Valla ; il a fait ce
qu'il a pu, mais il appartient à J. Heynlin de compléter le travail : « On dira que j'ai arraché de ce
« petit champ les ronces, les pierres et l'ivraie, et
« que c'est vous qui l'avez orné de plantes aux
« mille couleurs. »

Le secrétaire du roi termine son épître par
quatre distiques, suivant l'usage.

Viennent ensuite les six livres de L. Valla,
divisés en soixante-trois chapitres : deux cent quatre
feuillets.

A la fin du texte de Valla on lit :

Libri Sexti Elegantiarum Laurentii Vallæ, fœlix
[finis.

Suivent les deux traités intitulés :

1°

Laurentii Vallæ ad Iohanné cortellum arretinú cubiculariú
appostolicú Præfatio in tractatú de recipcatione sui & suus;

Treize feuillets ; un feuillet blanc.

2° Laurentii Vallæ liber, in errores Antonii
Raudensis fœliciter incipit.

Trente-six feuillets.
Viennent enfin :

1º Elegantium uocabuloꝝ quæ in hoc opere sparsim tradita
sunt/ sub principalium litterarum suarum ordine cum li≈
broꝝ capitulorumq3 annotatione/ compendiosa collectio;

avec renvois aux livres et aux chapitres : quinze
feuillets ;

2º Lettre de J. Heynlin à Paul Senilis, occupant
un feuillet et se terminant ainsi :

Ædibus Sorbone scriptū anno
uno & septuagesimo quadringentesimoq3 supra millesimū.

3º Table des chapitres portant sur neuf feuillets
et précédée de cet intitulé :

Quot Vniuersi Operis Elegantiaꝝ Lau≈
rentii Vallæ sint libri / quæ ue unicuiq3 li≈
bro subiecta materia/ & qùis in singulis
materiis pertractandis ordo seruetur ;

Le vocabulaire est composé sur deux colonnes
à la page.

Dans sa lettre, J. Heynlin exprime sa reconnaissance envers son ami et collaborateur, et
montre toujours le même soin qui préoccupait nos
éditeurs sorbonistes, à savoir de travailler à rétablir les textes dans toute leur pureté. J. Heynlin
fait connaître que c'est lui qui a rédigé le vocabulaire et la table des chapitres.

Il résulte de l'échange de cette correspondance

littéraire que l'édition de Sorbonne des *Elegantiæ* de L. Valla est une édition *princeps*.

La Bibliothèque Nationale possède deux exemplaires de ce volume, qui forme un travail important. Le premier (1), portant le cachet de la Sorbonne, est relié en maroquin rouge, à marges pleines, avec tranches naturelles. Ce magnifique exemplaire est parfaitement conservé; il est réglé et porte de nombreuses annotations sur les premiers feuillets; les livres sont indiqués, sur le recto de chaque feuillet, par leur numéro d'ordre, en commençant par zéro. On n'y voit aucun ornement; les lettres initiales sont même restées en blanc.

Comme remarque particulière, nous signalerons que dans cet exemplaire, la lettre de P. Senilis qui est en tête, a été tirée sur un papier autre que celui du volume et collée sur onglet.

Le deuxième exemplaire (2) est, comme le premier, relié en maroquin rouge, mais il est en outre doré sur tranches. Les marges sont un peu rognées. Malheureusement il est incomplet; il y manque : 1° la lettre de P. Senilis; 2° les sept premiers feuillets du texte; 3° le treizième feuillet du premier Traité qui suit les livres de L. Valla.

Particularité assez curieuse, la deuxième page de la lettre de J. Heynlin à P. Senilis est imprimée sur une feuille de papier très léger, et collée sur le verso du dernier feuillet.

(1) Réserve X.
(2) Réserve X.

Cet exemplaire est bien conservé, du reste ; comme le premier, il n'a ni initiales peintes, ni ornements d'aucune sorte.

La Bibliothèque de Bâle possède l'exemplaire des *Elegantiæ* ayant appartenu à J. Heynlin qui, cette fois, et pour mieux marquer peut-être l'amour-propre d'*auteur* que lui inspirait ce premier in-folio sorti de ses presses, s'est adjugé un exemplaire de luxe (1). Le volume contient toutes les matières que nous avons indiquées plus haut d'après l'exemplaire complet de la Bibliothèque Nationale ; mais il diffère de ce dernier par le classement des différentes parties ; ainsi, le *Vocabulaire* et la table des chapitres sont placés en tête ; puis, après trois feuillets blancs, viennent les lettres de P. Senilis et de J. Heynlin ; enfin le texte des livres et Traités.

Ce magnifique exemplaire réglé est relié avec un manuscrit intitulé : *Pogii Florentini, eloquentissimi oratoris, in Laurentium Vallam invectiva*. Les plats de la reliure, qui est contemporaine, sont en bois et recouverts de veau fauve, avec coins et boutons en cuivre ; on y voit encore les traces de fermoirs.

La première page du texte de L. Valla est ornée d'une jolie dentelle portant sur la marge de gauche et sur la moitié de celles du haut et du bas. La lettre initiale Q est peinte en or et couleur bleue

____

(1) Bibl. de Bâle, A. K. V. 19.

sur un fond lie de vin ; au milieu de la lettre se trouve une fleur de lys en or brillant sur le fond bleu. Les autres initiales de chaque livre sont moins belles, mais peintes aussi en or et en couleurs ; une petite dentelle orne le commencement des livres. Les grandes capitales du texte courant sont rouges ou bleues. Les initiales de la première page de chaque Traité sont aussi peintes avec luxe ; celle du *Liber in Errores* est peinte en or sur fond bleu et lie de vin, et la marge de gauche est ornée d'une petite dentelle.

La Bibliothèque de Vienne (Autriche) et celle d'Oxford possèdent aussi un exemplaire des *Elegantiæ*.

Cette édition de Sorbonne est citée dans Hain, n° 15,800 ; Panzer, tome II, p. 271 ; La Vallière, n° 2,193.

Brunet fait connaître que l'exemplaire de La Vallière, mar. r., a été vendu 200 francs.

IX. X. ÆNEÆ SYLVII : 1° DE DUOBUS AMANTIBUS ; 2° DE MISERIA CURIALIUM.

Envers et contre l'opinion de quelques bibliographes, nous avons hésité un instant à placer ces deux opuscules au nombre des impressions sorties de l'atelier de Sorbonne en 1471, et cela pour le motif que nous allons exposer.

Le premier de ces opuscules, qui ont dû être

imprimés à la même date, est un vrai roman entre-
mêlé de descriptions parfois hasardées, souvent
enflammées, qu'on peut se montrer étonné de voir
sortir d'une plume de cardinal ; car ce roman eut
pour auteur Æneas Sylvius Piccolomini, cardinal,
et ensuite pape de 1458 à 1464, sous le nom de
Pie II.

L'humeur de cet homme d'Église ne fut peut-être
pas tout à fait ce que fut celle de ses frères en reli-
gion et en dignités sacerdotales ; on peut le croire
si l'on s'en rapporte à ce que lui fait dire Platine,
écrivain et biographe contemporain, au sujet du
mariage des prêtres, à savoir *que si on avait eu de
bonnes raisons pour défendre aux prêtres de se ma-
rier, il y en avait encore de meilleures pour le leur
permettre.* Si Pie II a tenu ce langage, on comprend
qu'il ait pu écrire le roman des *Deux vrais Amants
Eurial et la belle Lucrèce.* D'autant plus qu'en vérité
il racheta ce péché en composant ensuite un traité
sur le *remède d'amour : Epistolæ de amoris remedio.*

Son roman eut un succès immense à la fin du
xve siècle et dans le siècle suivant ; on en fit des
éditions un peu partout ; puis on le traduisit en
français, en italien, en allemand, en espagnol, en
anglais ; les traductions françaises furent très nombreuses, et plusieurs portent un titre affriolant, où
l'histoire d'Eurial et de la belle Lucrèce est appelée
récréative, plaisante, délectable.

Mais tout en faisant la part de l'attrait que pouvait présenter cette histoire, tout en tenant compte

de la liberté d'allures tolérée même au clergé sur la terre chaude de la péninsule italique, il est difficile de comprendre que ce produit d'une imagination méridionale, l'auteur eût-il été cardinal et pape, ait pu trouver asile dans l'atelier prototypographique parisien, sous le toit de la grave Sorbonne et l'égide des deux savants professeurs et théologiens qui veillaient sur le berceau de la typographie française. Comment croire que J. Heynlin et G. Fichet, qui passaient à juste titre pour les éditeurs, les parrains des volumes imprimés en Sorbonne, aient consenti à laisser supposer que eux, dont le choix ne s'était porté que sur des œuvres de premier ordre, avaient mêlé les *Deux Amants* d'Æneas Sylvius aux œuvres des Gasparino, des Salluste, des Platon, des Valla ?

Il y avait là un point qui nous paraissait douteux. Et c'est ce qui nous a fait penser un instant que le roman d'Æneas Sylvius aurait pu paraître plutôt dans le courant de 1472 qu'en 1471 et alors que J. Heynlin et G. Fichet, pour une raison quelconque, commencèrent à se désintéresser un peu des travaux typographiques de l'atelier de Sorbonne.

Mais le caractère du roman des *Deux Amants* ayant encore une certaine fraîcheur qu'on ne retrouve pas généralement dans les volumes imprimés en 1472, nous avons renoncé à attribuer à l'impression de cet ouvrage la date de cette dernière année. Nous nous bornons, en conséquence, à manifester l'étonnement qu'il est permis d'éprouver en rencontrant ce volume côte à côte avec les ouvrages qui ont marqué l'intervention active de J. Heynlin et de G. Fichet dans l'œuvre de l'atelier de Sorbonne.

Il est vrai qu'à côté de lui, et comme pour excuser sa présence dans cette collection sérieuse, apparaît le *De Miseria Curialium* aux allures plus doctes et plus orthodoxes. Mais cette excuse est-elle suffisante pour de graves docteurs de Sorbonne? Nous ne le pensons pas, et J. Heynlin semble avoir été de cet avis, car le volume contenant l'histoire *plaisante et délectable* écrite par Æneas Sylvius ne figure pas dans la collection de Bâle.

Ces explications préalables étant données, nous allons décrire les deux opuscules d'Æneas Sylvius Piccolomini.

I. La Bibliothèque Nationale possède un exemplaire du *De duobus Amantibus* (1); c'est un in-4° sur papier, de quarante-quatre feuillets utiles, et vingt-trois lignes à la page; il y a deux feuillets blancs au commencement et à la fin. Le volume est relié en maroquin rouge; il porte un titre écrit collé sur le verso de la couverture: *Histoire de Eurialus et de Lucrèce, vrais amoureux.*

L'opuscule est précédé de deux préfaces; la première est intitulée:

____

(1) Réserve Y, 68, Aa.

Ænee Syluii pœtæ laureati, in hystoriam de duobus amátibus p̄fatio prima ad per q̃generosum milité Gasparem Slik fœli≈ citer incipit.

La seconde préface porte pour titre :

Ænee Siluii in historiam de duobus amanti≈ bus p̄fatio secunda ad Marianŭ Sozinŭ, se≈ nensem, juris utriusq3 p̄spicacissimum inter≈ pretem jocunde incipit.

L'existence de ces deux préfaces dans le vo-volume de Sorbonne indique que cette édition a été faite d'après les deux plus anciennes connues, auxquelles les prototypographes parisiens les ont empruntées évidemment ; la première de ces édi-tions est celle qui fut imprimée avec les caractères employés de 1467 à 1470 par Ulric Zell, à Cologne, et qui porte la préface *ad Marianum Sozinum ;* la seconde est celle qui fut imprimée avec les carac-tères de Therhoernen, aussi imprimeur à Cologne ; elle porte la préface *ad militem Gasparem Slik,* ou mieux *Slich* (1).

Les deux préfaces, dans l'édition de Sorbonne, occupent quatre feuillets ; la dernière ne dépasse pas la première page du dernier feuillet, au bas de laquelle commence le roman avec ce titre :

Aenee, siluii de duobus amantibus hysto≈ ria perq̃ iocunde incipit.

(1) V. Brunet, tome I, col. 66 et 67.

Le premier feuillet est orné d'une grande lettre initiale peinte en couleurs ; les autres initiales sont peintes en couleur rouge ou bleue. Les capitales du texte courant sont touchées au pinceau, en couleur jaune.

Quelques lignes sont soulignées, mais on ne remarque qu'une seule annotation qui est écrite sur le dix-neuvième feuillet.

Au bas de la dernière page sont écrits deux vers latins, avec la traduction en français ainsi conçue :

> « Heureux celluy qui pour devenir sage,
> « Au mal d'aultruy faict son apprentissage. »

L'annotateur a voulu ainsi tirer une morale du roman du cardinal.

Un exemplaire de cet opuscule se trouve aussi dans la Bibliothèque Mazarine (1). Il est relié avec le *De Miseria Curialium* et l'*Epistola ad Turcos* écrite aussi par Æneas Sylvius, mais alors qu'il était pape, et imprimée à Rome vers 1473 avec les caractères employés par Philippe de Lignamine.

La reliure du volume est en maroquin rouge (Bradel) avec soie à l'intérieur. Les tranches sont dorées. Les feuillets sont numérotés au crayon ; en tête, se trouve un feuillet blanc en vélin.

Cet exemplaire porte les mêmes enluminures que celui de la Bibliothèque Nationale, à cette exception près que les capitales du texte ne sont pas tou-

(1) Bibl. Maz., nº 11,104, *Incunables.*

chées au pinceau. On y remarque quelques annotations d'une écriture contemporaine.

Nous avons déjà dit que le roman d'Æneas Silvius édité en Sorbonne ne se trouve.pas dans la collection de J. Heynlin, conservée dans la Bibliothèque de Bâle; il est évident qu'un pareil ouvrage n'aurait pu prendre place dans la Bibliothèque de la Chartreuse, héritière des livres et manuscrits de J. Heynlin; mais ne peut-on pas supposer aussi, comme nous l'avons fait, que ce dernier ne voulut pas le placer dans sa propre collection?

Il est assez singulier que ni Brunet, ni Auguste Bernard n'aient vu le roman des *Deux Amants* conservé dans deux Bibliothèques de Paris. Le premier ne le cite que d'après Dibdin, qui en a donné une description (1).

Le second, ainsi que le fait remarquer M. Madden, a refusé de croire Dibdin. Il est vrai que Chevillier ne parle pas davantage de cet opuscule.

Le catalogue de Gaignat en cite un exemplaire sous le n° 2,230 (2) qui pourrait bien être de l'édition de Sorbonne. Mais à coup sûr il se trompe, lorsqu'il attribue cette provenance à un autre exemplaire contenant plusieurs opuscules du même genre (n° 2,229) : *Editio primaria*, dit-il, *vetus Parisiensis, characteribus Uldalrici Gering excusa absque ullâ*

(1) *Bibliographical tour*, etc., tome III, p. 502. — V. Brunet, tome I, col. 67.
(2) Gaignat, tome I, p. 543.

loci et anni indicatione; in-4°, m. r. Il s'agit d'un petit volume qui porte ce premier titre :

> Francisci Florii Florentini de amore Camil≈
> li et Emilie aretinorum ad Guillermum tar≈
> diuum prologus feliciter incipit.

Ce volume a été imprimé à Paris, en effet, mais non par Gering ; il est sorti des presses de deux des élèves de ce dernier, Cæsaris et Stol, qui créèrent un atelier quand celui de Sorbonne n'exista plus.

II. Le second opuscule d'Æneas Sylvius, tiré en Sorbonne et intitulé : *De Miseria Curialium*, existe aussi à la Bibliothèque Nationale (1) ; il a dû être imprimé en même temps que le premier. C'est un volume in-4° de trente-quatre feuillets utiles et vingt-trois lignes à la page, avec deux feuillets blancs en vélin au commencement, et deux feuillets en papier à la fin ; il est relié en maroquin rouge, avec de petits Traités manuscrits, postérieurs à l'imprimé, qui occupent cinq feuillets dont deux en vélin ; il provient du couvent des Célestins de Sens.

Le texte commence par ce long titre :

> Aeneæ Siluii pœtæ laureati (cui & pro
> pontificali dignitate Pio nomen est) in
> disputationé de curialiú miseria, ad per≈
> spicacissimú iurisconsultú Iohanné Ech,
> serenissimi, diuiq3 principis, Alberti, cæ≈

(1) Réserve Z.

saris inuictissimi *!* Alberti quoq3 austriæ
ducis inclyti consiliariú atq3 oratoré præ≈
facio fœliciter incipit.

Il se termine par ces deux lignes :

Aeneæ Siluii de curialium miseria di≈
sputatio finem habet fœlicem.

La grande initiale du premier feuillet est peinte
en or et en couleurs. Dans le cours du texte, les
initiales des chapitres sont peintes en couleur bleue
ou rouge. Quelques divisions intérieures marquant
dès alinéas sont peintes aussi de la même manière.
Les titres des chapitres sont entourés d'un signet
en couleur. Les lettres majuscules du texte courant
ne sont pas touchées au pinceau comme dans le
De duobus Amantibus.

On ne voit dans cet exemplaire qu'une seule
annotation ; mais on remarque au bas du recto du
vingt-huitième feuillet, une ligne ajoutée à la main,
ligne sans doute omise par le compositeur, car la
page a bien les vingt-trois lignes, chiffre normal
des impressions in-4º de Sorbonne ; cette ligne
manuscrite est ainsi composée :

..... impetrare

Non te uolunt. Quidá nõ potentes sũt ac ex

le texte se continuant ainsi à l'autre page :

gratia principis promouere propinquos possent !

La Bibliothèque Mazarine possède aussi un

exemplaire de cet opuscule, relié comme le roman *De duobus Amantibus* de cette collection publique. Il est orné de la même manière que celui de la Bibliothèque Nationale ; mais la ligne ajoutée à la main sur le vingt-huitième feuillet est ainsi écrite :

Nŏ te uolŭt. Quidā nŏ potentes sŭt*!* ac ex

La Bibliothèque de Bâle a dans sa collection le *De Miseria Curialium*, provenant de la Chartreuse et relié avec d'autres traités divers ; la reliure est de Bâle et non de Paris (1). Cet exemplaire est réglé ; les initiales des chapitres sont peintes, et les paragraphes sont indiqués comme dans les exemplaires de Paris ; les capitales du texte courant sont touchées au pinceau, en couleur jaune.

Il a échappé, comme le *De duobus Amantibus*, à Chevillier et à Aug. Bernard, ainsi que le fait encore observer M. Madden. On peut ajouter que Brunet aussi paraît en avoir ignoré l'existence dans la Bibliothèque Nationale.

L'édition de Sorbonne semble être la seconde qui a été faite de cet opuscule ; la première a été imprimée avec les caractères d'Ulric Zell, entre 1467 et 1470, comme le volume du *De duobus Amantibus*, du même imprimeur, et il est probable que c'est d'après celle-là que les prototypographes parisiens ont fait la leur. L'édition la plus ancienne connue, après celles de Paris et de Cologne, est sortie des

____

(1) Bibl. de Bâle, D. E. VII. 3.

presses de Philippe de Lignamine, Rome, 1473 ; Dibdin la considérait à tort comme la première (1).

L'édition de Sorbonne est citée par Hain, n° 198, et par Panzer, tome II, p. 340.

XI. Publii Virgilii Bucolica et Ægloga. — In-fol.

Ce volume, contenant les *Bucoliques* et les *Géorgiques* de Virgile, a vu son existence réelle mise en doute par quelques bibliographes ; plusieurs même, interrogés tout d'abord par nous, se sont montrés peu disposés à attribuer à l'atelier de Sorbonne cette édition que Dibdin seul avait mentionnée dans son *Catalogue* de la bibliothèque de lord Spencer (2). Brunet (3), il est vrai, l'avait citée d'après Dibdin, et M. Madden (4), suivant ces autorités, en a admis l'existence ; mais personne ne l'avait vu, personne n'avait recouru à une source d'informations certaines, et alors, dans l'esprit de beaucoup, le doute persistait.

Fidèle au principe que nous avons adopté pour éclairer notre route dans cette étude difficile, nous n'avons pas hésité à nous adresser à lord Spencer, descendant de l'illustre bibliophile anglais, et pos-

(1) Voir, pour les deux éditions de Cologne et de Rome, Brunet, tome I, col. 71.
(2) *Biblioth. spencer.*, tome II, p. 487.
(3) *Manuel du Libraire*, tome V., col. 1297.
(4) Ouv. cité, p. 182.

sesseur de la riche collection formée par ce dernier, collection qui a eu la chance rare de n'être pas dispersée, ayant passé de père en fils dans une famille dont les traditions littéraires se sont perpétuées jusqu'à ce jour.

Lord Spencer a bien voulu nous faire connaître que le volume contenant les *Bucoliques* et les *Géorgiques* de Virgile, imprimé avec les mêmes caractères dont se sont servis les prototypographes parisiens, existait réellement dans sa collection.

C'est un in-folio de quarante-neuf feuillets, de trente-deux lignes par page pleine, et comme ses congénères, il n'a ni chiffres, ni réclames, ni signatures.

Le texte des *Bucoliques* commençant sur le recto du premier feuillet, est précédé de cet intitulé :

Publii Virgilii maronis mantuani uatis clarissimi
Bucolica & Aegloga prima fœliciter incipit.

Les *Géorgiques* commencent au verso du quatorzième feuillet, ligne 17, et portent cet intitulé :

Incipit primus liber georgicoꝝ P. Virgilii maronis;

Enfin, le volume se termine, au recto du quarante-neuvième feuillet, par ces lignes :

Carmina qui lusi pastorum audaxq3 inuenta
Tityre te patule cecini sub tegmine fagi;
Finis fœlix Georgicoꝝ Virgilii.

Hic deflet meliboeus pfugiat quid inique.
Tityrus ast laetus quis contulit otia dicit,

Meliboeus   Tityrus
Tityre tu patule recubãs sub tegmine fagi
Siluestrem tenui musã meditaris auena.
Nos patriae fines, et dulcia linqmus arua.
Nos patriã fugim?. tu tityre lẽtus in ũbra
Formosã resonare docef amaryllida siluas,
TI. O meliboee deus nobis h otia fecit.
Nanqʒ erit ille mihi semp deus. illius aram
Saepe tener nostris ab ouilibus imbuet agnus.
Ille. meas ettare boues(ut cernis)et iplum
Ludere(quae uellem)calamo permisit agresti,
ME. Non equidem inuideo. miror magis. undiqʒ totis
Vsqʒadeo turbatur agnis. en ipse capellas
Protenuf ager ago. hanc etiam uix tityre duco.
Hic inter densas corilos modo nanqʒ gemellos,
Spem gregis(ah silice in nuda)connixa reliquit.
Saepe malum hoc nobis(si mens non leua fuisset)
De caelo tactas memini praedicere quercus.
Saepe sinistra caua pdixit ab ilice cornix.
Sed tamen iste deus quis sit?da tityre nobis,
TI. Vrbem quam dicunt romam!meliboee putaui
Stultus ego!huic nostrae similem. quo saepe solemus
Pastores ouiũ teneros depellete foetus
Sic canibus catulos similes!sic matribus haedos
Noram. sic paruis componere magna solebam.
Verx haec tantũ alias inter caput extulit urbes!

Première page des *Bucoliques* de Virgile, conservées dans la bibliothèque de lord Spencer.

C'est absolument de la même manière, fait observer Brunet, que ce poème est terminé dans l'édition de Virgile donnée par Gering en 1478 (1).

Il y a lieu de supposer qu'il a été imprimé dans les premiers mois de 1471, car il rentre dans la catégorie des chefs-d'œuvre latins que nos éditeurs sorbonistes semblent avoir eu à cœur de publier pour marquer leur bon goût et leurs aspirations littéraires élevées. Nous ne pouvons que nous étonner qu'il ne se trouve pas dans la collection de J. Heynlin, à Bâle.

Pour bien prouver qu'il y a identité parfaite entre le caractère des *Bucoliques* et des *Géorgiques* et celui des autres éditions de Sorbonne, nous reproduisons en fac-similé la première page des *Bucoliques* et la dernière des *Géorgiques*.

Tous les volumes que nous venons de décrire peuvent être attribués à l'année 1471 ; quelques-uns en portent avec eux la preuve ; la fraîcheur du caractère, pour d'autres, permet de le supposer.

Mais outre ces volumes, on en a cité deux qui devraient être attribués aussi à l'atelier de Sorbonne qui les aurait imprimés dans cette même année. Malheureusement, on n'en voit plus, ou plutôt on n'en a jamais vu un seul exemplaire.

Il s'agit d'un *Orator* de Cicéron et d'un *Valère-Maxime*. Etant données les tendances littéraires de

(1) *Manuel du Libraire*, tome V, col. 1297.

Nanqʒ dabunt ueniam uotis·iramqʒ remittent·
Sed modus orandi,quis sit·prius ordine dicam·
Quattuor eximios praeſtanti corpore tauros,
Qui tibi nunc uiridis depaſcunt ſumma lycei!
Delige·& intacta totidem ceruice iuuencas·
Quattuor bis aras alta ad delubra dearum
Conſtitue·& ſacrum iugulis dimitte cruorem·
Corporaqʒ ipſa boum frondoſa deſere luco·
Poſtubi noua ſuos aurora oſtenderit ortus!
Inferias orphi lethea papauera mitteſ·
Et nigram mactabis ouem·lucumqʒ reuiſes·
Placatam euridicen uitula uenerabere cæſa·
Haud mora·continuo matris præcepta faceſſit·
Ad delubra uenit·monſtratas excitat aras·
Quattuor eximios præſtanti corpore tauros
Ducit!& intacta totidem ceruice iuuencas·
Poſtubi noua ſuos aurora induxerat ortus!
Inferias orphi mittit·lucumqʒ reuiſit·
Hic uero ſubitum,ac dictu mirabile monſtrum
Aſpiciunt liquefacta boum per uiſcera,toto
Stridere apeſ utero·& ruptis efferuere coſtis·
Immenſaſqʒ trahi nubes·ianqʒ arbore ſumma
Confluere·& lentis uuam demittere ramis;
    Hæc ſuper aruorum cultu,pecorumqʒ canebam!
Et ſuper arboribus!cæſar dum magnus ad altum
Fulminat eufraten bello·uictorqʒ uolentis
Per populos dat iura·uiamqʒ affectat olympo·
Illo Virgilium me tempore dulcis alebat
Parthenope!ſtudiis florentem ignobilis oti·
Carmina qui luſi paſtorum·audaxqʒ iuuenta
Tityre te patule cecini ſub tegmine fagi;
    Finis ſœlix Georgicorʒ Virgilii.

nos éditeurs J. Heynlin et G. Fichet, on ne devrait
pas se montrer étonné que ceux-ci eussent songé
à publier ces derniers ouvrages. On pourrait croire
qu'ils ont existé réellement, si l'on s'en rapporte à
G. Fichet lui-même. Notre docteur, en effet, écrivant
à J. Heynlin une lettre-préface destinée à être placée
en tête d'une édition des *Offices* de Cicéron dont nous
allons nous occuper, dit en parlant du plaisir que lui
avait antérieurement procuré la lecture des œuvres
du grand orateur qu'il avait vues imprimées à
l'étranger : « Mais ce plaisir eût été infiniment plus
« complet, si le texte eût été très correct et chaque
« livre bien divisé en chapitres, de la même manière
« que l'ont été l'*Orator* de Cicéron, le *Valère-*
« *Maxime* et le *Laurent* (Valla) imprimés sous votre
« direction. »

On a connu de tout temps les *Elegantiæ* de
L. Valla, tandis qu'on n'a jamais vu les autres. Faut-
il supposer que des trois ouvrages cités, préparés
pour l'impression, celui de L. Valla seul a été mené
à terme, et que l'*Orator* et le *Valère-Maxime* n'ont
pas été exécutés ? — On pourrait le croire, sans
l'affirmation de G. Fichet. D'autre part, ni l'un ni
l'autre de ces volumes ne se trouve dans la collection
de J. Heynlin, qui est conservée dans la Bibliothèque de Bâle. Cette collection a passé intacte
de la Chartreuse à la Bibliothèque de l'Université
bâloise ; on peut être à peu près certain qu'aucun
volume n'en a été distrait. N'y trouve-t-on pas les
représentants uniques des *Lettres de Platon* et du

Dàtus, et d'un autre volume encore que nous citerons en ses lieu et place ? Comment alors expliquer que J. Heynlin n'ait pas soigneusement classé dans sa collection tous les ouvrages de Cicéron édités sous sa direction ? Cela est difficile à comprendre. Et, en second lieu, si on peut admettre comme possible l'absence d'un volume tel que les *Bucoliques* de Virgile, due à une circonstance fortuite, faudrait-il croire à la disparition simultanée de trois volumes, étant donné le respect religieux dont la bibliothèque de J. Heynlin a été l'objet de tout temps ?

Hâtons-nous d'ajouter que nous ne faisons ces objections que sous toute réserve, et souhaitant que ceux qui nous suivront dans l'étude de cette question réussissent à trouver une solution définitive et indiscutable.

Quoi qu'il en soit, nos professeurs de Sorbonne et leurs collaborateurs n'eussent-ils imprimé, dans la fin de 1470 et le courant de 1471, que les volumes décrits plus haut, qu'ils auraient donné une preuve suffisante de leur activité et de leur dévouement aux lettres : en bornant aux onze volumes cités la production de l'atelier de Sorbonne dans l'espace de temps qu'on peut évaluer à quatorze mois, on trouve que ce labeur des prototypographes parisiens comprend sept cent quatre feuillets in-4°, et trois cent vingt-huit feuillets in-folio, et encore sans compter ceux qu'ils ont pu composer à la fin de l'année 1471, et dont l'impression ne fut terminée que dans le commencement de 1472, ainsi qu'on le verra dans le chapitre suivant.

Certes, ces chiffres n'offriraient rien d'extraordinaire, ils paraîtraient même plus que modestes, si on argumentait sur la production d'un atelier de nos jours ; mais il faut tenir compte des difficultés que rencontrèrent forcément nos imprimeurs dans l'installation de leur outillage et dans sa mise en train ; il ne faut pas oublier que pendant la première année, tout au moins pendant une partie de cette année, ils ne furent que trois pour composer et pour tirer, car il leur a fallu nécessairement quelques mois pour former des élèves.

CHAPITRE VIII

Description des volumes dont on peut placer l'impression en 1472.
— *Gasparini Orthographia;* document nouveau permettant de
fixer la date de l'impression de ce volume : lettre jusqu'à nos
jours inconnue de G. Fichet. — *Ciceronis de Officiis;* lettres de
G. Fichet et de J. Heynlin. Exemplaires connus de cette édition.
— *Quæstiones Tusculanæ;* exemplaires connus de cette édition.

XII. GASPARINI PERGAMENSIS ORTHOGRAPHIA. — In-4°.

Le premier volume qui fut imprimé dans l'atelier
de Sorbonne, en 1472, doit être celui qui porte le
titre ci-dessus, in-4°. Jusqu'à ce jour, on ne connaissait aucun document qui pût servir à fixer exactement la date de l'impression de ce volume ; mais
les bibliographes avaient omis de consulter la collection des impressions de Sorbonne conservée
dans la Bibliothèque de Bâle.

Lorsque nous visitâmes la collection de Jean
Heynlin, dans l'été de 1881, M. Sieber, avec son
obligeance habituelle, attira notre attention sur
l'exemplaire de l'*Orthographia* de Gasparino, pro-

venant de la bibliothèque du collaborateur de G. Fichet.

Ce ne fut pas sans un vif sentiment de joie que nous pûmes constater que cet exemplaire portait en tête une lettre, jusque-là ignorée, écrite par G. Fichet à Robert Gaguin, et placée là en guise de préface. L'exemplaire de Bâle est aujourd'hui le seul connu qui contienne ce document précieux.

Cette lettre de G. Fichet est un peu longue et remplie de dissertations prolixes à la mode du temps et qui n'offrent pas toujours un grand intérêt. Mais elle contient quelques passages importants que nous croyons avoir traduits exactement comme suit :

« .... Autant que je puis me l'imaginer, ils (les amis des lettres) retireront un grand secours de l'art inventé par les nouveaux imprimeurs que, de nos jours, l'Allemagne (comme un autre cheval de Troie) a fait sortir de son sein pour les répandre partout.

« On rapporte, en effet, dans cette contrée, que ce fut un certain Jean Gutenberg (*cui cognomen bonemontano* [1]) qui, non loin de Mayence, fut jadis le premier inventeur de l'art d'imprimer, au moyen duquel, rapidement, avec netteté et élégance, on fait des livres avec des lettres de métal, et non plus avec un roseau à écrire, suivant l'usage anti-

(1) Traduction du nom de Gutenberg qui signifie en allemand *bonne montagne.*

que, ni avec la plume, ainsi qu'on a coutume de le faire de nos jours.

« Cet homme a réellement bien mérité que toutes les Muses, tous les arts et tous ceux qui les cultivent et qui se laissent charmer par les livres, le couvrent de louanges divines, le placent au-dessus des dieux et des déesses, et cela avec d'autant plus de raison qu'il a apporté aide et appui aux lettres mêmes et aux hommes studieux.

« Bacchus, Cérès qui nourrit les mortels, ont été divinisés : le premier, parce qu'il inventa le jus de la vigne et qu'il en remplit la corne d'Achéoloüs; la seconde, parce qu'elle remplaça le gland de Chaonie par l'épi gras et replet, et aussi (pour me servir d'une autre expression poétique), parce que la première elle fendit la terre avec le soc acéré de la charrue et en fit sortir des fruits et de savoureux aliments.

« Gutenberg, lui, a fait une découverte plus féconde et plus divine encore, car il a trouvé le moyen de sculpter des lettres grâce auxquelles tout ce qui peut être dit ou pensé est immédiatement écrit et reproduit de manière à passer à la pos-térité !

« Je n'aurai garde d'oublier, à ce propos, que les premiers des maîtres habiles en l'art d'imprimer qui sont venus chez nous sont : Ulrich, Michel et Martin; il y a déjà longtemps (*jam pridem*), ils ont imprimé les *Epistolæ* de Gasparino de Bergame, que Jean de Lapierre a revues pour les rendre plus correctes ; en outre, ils se sont mis en devoir de reproduire l'*Orthographia*, du même auteur, revue aussi par Jean de Lapierre. Cette œuvre, à mon sens, a un grand mérite, car elle sera non seulement bien reçue par la jeunesse, mais encore elle sera utile aux travaux des savants. »

Cette lettre, imprimée avec les caractères de l'atelier de Sorbonne, comme le volume en tête duquel elle se trouve, est datée des *Kalendes de janvier, au point du jour.*

Est-il nécessaire que nous cherchions à prouver qu'il faut lire : 1 JANVIER 1472 ? — Le seul fait rappelé par G. Fichet, que les prototypographes parisiens ont déjà imprimé *depuis longtemps* les *Epistolæ* de Gasparino, *tirées à la fin de 1470,* suffit pour démontrer que sa lettre a été écrite le 1er janvier 1472.

Le volume de l'*Orthographia* de Gasparino a donc été composé à la fin de 1471, et l'impression en a été achevée en janvier 1472, peu de jours après que G. Fichet eut écrit sa lettre ; ceci résulte des termes mêmes de cette épître qui font entendre que le volume est prêt à être livré au public.

Mais avant de décrire ce volume, nous voulons revenir sur les points intéressants que présente la lettre de G. Fichet, en dehors de la question de date.

On peut se demander tout d'abord pourquoi on ne la trouve dans aucun des exemplaires connus de l'*Orthographia*, autres que celui de Bâle ; elle a été écrite, on ne peut en douter, pour servir de préface à l'ouvrage dont elle aurait dû accompagner tous les exemplaires, comme d'autres ont fait corps avec les principales impressions de l'atelier de Sorbonne. On trouve sans doute des ouvrages sortis de cet atelier et dont un seul exemplaire porte une lettre-préface ; mais alors il s'agit d'une lettre d'envoi qui n'existe que dans l'exemplaire adressé au personnage destinataire. La lettre de G. Fichet, placée en tête de l'*Orthographia,* bien qu'adressée à Robert Gaguin, est une véritable préface, et l'exemplaire qui la porte est non point celui de Gaguin, mais celui de J. Heynlin. Nous ne faisons qu'indiquer cette singularité sans prétendre l'expliquer.

Il n'est pas sans intérêt, d'autre part, de constater la désignation expresse de Gutenberg comme inventeur de l'art d'imprimer, faite par G. Fichet. On a contesté à Gutenberg l'honneur d'avoir eu le premier l'idée de se servir de lettres mobiles ; de nos jours même, certains s'efforcent de remettre ce point en question. L'assertion de G. Fichet ne doit-elle pas dissiper toute espèce de doute à cet égard ? G. Fichet était presque contemporain de Gutenberg ; il tenait ses renseignements de J. Heynlin, enfant de la région berceau de l'imprimerie, de J. Heynlin qui avait connu à Mayence les successeurs des premiers imprimeurs ; G. Fichet a pu se renseigner encore auprès des trois prototypographes parisiens qui venaient des pays allemands

¶ GVILLERMVS fichetus Parisiensis the
ologus doctor, Roberto Gaguino, uiro do-
ctissimo salutem ;
Magna me uoluptas capit eruditissime Ro
berte, quũ musas, & omẽs eloqñtiæ partes
(quas por ætas ignorauit) in hac urbe flo-
rere conspicio. Nam ut me primũ adolescẽ-
tibus annis, boico ex agro luteciam contuli.
(idq̃ Aristoteleæ disciplinæ causa) mira-
bat sane oratorẽ, aut poetã phœnice ratiorẽ
lutecia tota inueniri. Nemo Ciceronẽ (uti
plenq̃ nũc faciũt) nocturna uersabat manũ-uer
sabat diurna. Nemo carmẽ fingebat legiti-
mũ. nemo fictũ ab alio, cæsuris nouerat li-
brare suis. desuefacta siqdem a latinitate
schola parisiensis, ad sermonis rusticitatem,
omis pene deciderat. At lapillo longe me-
liore dies nostri numerant.quippe quibus
di, deæq̃ omẽs (ut poete loquũt) benedicẽ-
di artes, indies magis magisq̃ aspirant. Siqdem (ut missos faciam alios) tu usqueadeo
musis, & omi carminis genere prestas.ut si non
solũ illi, q̃dẽ uates nobilissimi (tibulus, Lu

Page de la lettre de Fichet à Robert Gaguin, existant dans un
exemplaire de l'*Orthographia*, conservé dans la Bibliothèque
de Bâle.

et devaient connaître la vérité ; celle-ci n'avait pu être altérée dans le court espace d'une vingtaine d'années (1).

La lettre de G. Fichet est aussi intéressante par ce fait qu'elle est le seul document connu, signé par l'un des pères de la typographie française, qui cite les noms des trois prototypographes parisiens, Ulrich Gering, Michel Friburger et Martin Crantz.

L'exemplaire de la Bibliothèque de Bâle (2) étant le plus complet de ceux que nous connaissons, c'est d'après lui que nous donnerons la description du volume. Cet exemplaire sur papier tracé et rogné, porte une reliure contemporaine, plats en bois recouverts de veau fauve avec dessins repoussés, et coins en cuivre ; les fermoirs ont disparu, mais on en voit encore les traces.

Il a, en tête, sept feuillets blancs dont un en vélin, et, à la fin, dix-huit feuillets blancs dont un aussi en vélin. Le texte imprimé commence par la lettre de G. Fichet qui occupe cinq feuillets et porte la suscription suivante :

> Guillermus fichetus Parisiensis the≈
> ologus doctor, Roberto Gaguino uiro do≈
> ctissimo salutem ;

(1) Tout ce qui concerne la lettre de G. Fichet était écrit, lorsque M. Claudin a publié dans le *Livre*, 4ᵉ année, 1883, pp. 369-372, le texte latin des passages dont nous venons de donner la traduction. Ce maître bibliographe place l'impression de l'*Orthographia* au nombre des premières de l'atelier de Sorbonne. Nous croyons avoir démontré que c'est là une erreur, grâce aux mots *jam pridem*, sur lesquels nous avons basé en partie notre argumentation.

(2) *Inv.* A. L. VI. 3.

La souscription est ainsi conçue:

> Vale et episto
> le lōgitudinē, tribue amori nostro q̃ maximo.
> Aedibus Sorbone raptim a me Kalēdis Ianua
> riis diluculo scriptum;

Trois feuillets blancs séparent la lettre de G. Fichet du texte de l'*Orthographia* qui occupe deux cent dix-neuf feuillets et qui porte ce titre:

> GASPARINI Pergamensis, Or≈
> thographiæ liber fœliciter incipit:

Le traité de Gasparino comprend deux parties, dont la première occupe quarante-huit feuillets seulement sur les deux cent dix-neuf; il se termine par les lignes suivantes, sur le recto du dernier feuillet:

> Orthographiæ Gasparini secun≈
> da pars fœliciter finit;

Viennent ensuite les deux petits traités dont voici les titres:

> 1º Est diphthongandi ratio (sic credo) sepulta
> Gasparine tua. Viue Guarine doce;
> Guarini Veronensis, de diphthongis
> libellus fœliciter incipit;

Sept feuillets, et au verso du septième:

> 2º Compendiosus de arte punctandi
> dialogus fœliciter incipit;

Deux feuillets.

Ce dernier opuscule est sans doute l'œuvre de J. Heynlin, et celui dont Trithème a cité le titre dans la liste des ouvrages composés par le savant sorboniste. Cette remarque, croyons-nous, n'a été faite jusqu'à présent par aucun bibliographe.

A la fin du dernier feuillet on a ajouté les vers que Gaguin avait composés en l'honneur de G. Fichet pour être insérés dans le volume de la *Rhétorique*, et auxquels nous avons déjà fait allusion. Il est à remarquer que cette adjonction est restée ignorée jusqu'à ce jour ; on ne la trouve dans aucun des autres exemplaires connus et qui seuls ont fixé l'attention des bibliographes. Mais les vers de Gaguin ne sont pas complets ; les dix-neuvième, vingtième, vingt-cinquième et vingt-sixième ne sont pas reproduits, et à la fin de la pièce on lit :

Vale ex Maturinis primo
die Ianuarii.

Gaguin n'ayant pas le temps de préparer une réponse à la lettre de G. Fichet, aura peut-être prié ce dernier de faire reproduire ses vers de l'année précédente, en y ajoutant la date du premier janvier (1472). Il nous paraît difficile d'expliquer autrement la présence des distiques de Gaguin à la fin de l'*Orthographia*.

L'exemplaire de Bâle est orné, à la première page du texte de l'ouvrage, d'une dentelle peinte en or et en couleurs et portant sur l'angle droit de la page. Les deux premières lettres du texte sont peintes aussi en or et en couleurs ; les autres initiales sont peintes en couleur bleue ou rouge. Dans ce volume, les capitales, au commencement des lignes, sont séparées par un blanc du reste du mot, ainsi qu'on l'a vu pratiquer dans quelques-unes des pièces de vers qui accompagnent certains volumes imprimés en Sorbonne. La composition du texte présente aussi de curieux spécimens d'abréviations pour la définition et l'orthographe des mots, verbes, etc. Le signe $\cup$ étant nécessaire, et la fonte ne le possédant pas, on s'est servi, pour le représenter, de la lettre C renversée, la partie convexe en bas.

La Bibliothèque Nationale de Paris possède un exemplaire de l'*Orthographia*, mais sans la lettre de G. Fichet à Gaguin et sans les vers de ce dernier, ce qui est d'autant plus singulier que cet exemplaire provient de la Sorbonne même, dont les volumes auraient dû être complets. Il est relié et a ses premières pages tachées. On n'y remarque pas d'ornements particuliers ; les lettres initiales sont simplement peintes en couleur rouge ou bleue. Dans les deux petits traités de la fin, les alinéas sont marqués par des signets bleus ou rouges.

La Bibliothèque Mazarine a aussi un exemplaire du même ouvrage (1), avec une reliure moderne, et dont les feuillets sont numérotés jusqu'au trente-

____

(1) N° 10,097, *Incunables.*

huitième. Comme texte, cet exemplaire est semblable au précédent, mais il est orné, sur la première page, d'une dentelle peinte en or et en couleurs et portant sur toute la marge de gauche et la moitié de celles du haut et du bas ; la première lettre initiale est peinte de la même manière ; le tout est assez grossièrement fait. Le nom de *Gasparini* est souligné à l'encre rouge. On remarque quelques annotations d'une écriture du xvie siècle.

Panzer et Hain ne citent pas cet ouvrage ; on ne le trouve pas davantage dans la plupart des catalogues des collections célèbres. Brunet en parle, mais sans grands détails (1), ainsi que M. Madden (2).

XIII. Universum Opus Officiorum M. Tullii Ciceronis. — In-fol.

Après l'*Orthographia* de Gasparino, et au commencement de l'année 1472, nous pensons que l'atelier de Sorbonne imprima un in-folio que nous désignons par le titre ci-dessus, et qui contient le Traité complet des *Devoirs* de Cicéron, auquel on a ajouté les opuscules *De Amicitiâ, De Senectute, Somnium Scipionis* et les *Paradoxa*. Le tout forme un volume de cent vingt-trois feuillets, de trente et une lignes à la page, sur papier.

(1) Tome II, 2ᵉ partie, col. 1498.
(2) Ouv. cité, p. 175.

Comme pour l'*Orthographia,* c'est grâce à une lettre-préface de G. Fichet qu'il est possible de fixer approximativement la date de l'impression de ce volume important. Au commencement de 1472, l'activité de nos éditeurs sorbonistes ne s'était pas ralentie, et ils nous donnent une preuve de leur zèle persévérant dans le volume de Cicéron. Nous allons les voir toujours animés des préoccupations littéraires qui avaient marqué leurs premiers essais; et pour le démontrer, nous ne saurions mieux faire que de donner la traduction de quelques passages de la lettre-préface de G. Fichet, curieuse à divers titres. Voici comment s'exprime notre docteur en s'adressant à J. Heynlin.

« Plus librement que je ne le fais avec aucun de mes amis, je vous impose de nouveaux travaux. J'aurais peine en effet à trouver quelqu'un qui me fût plus dévoué que Lapierre, ou plus assidu à la culture des lettres, ou plus attaché au devoir dès qu'il s'agit d'être utile à tous. C'est pourquoi je ne crains pas que vous me refusiez ce que je vous prie instamment de faire au nom de votre gloire et dans l'intérêt général.

« Lorsque naguère je me rendis auprès du roi, par l'ordre de Bessarion, cardinal de Nicée, pour exposer qu'il y avait nécessité de rétablir la paix entre les princes français, afin d'entreprendre la guerre contre les Turcs (1), alors que j'attendais

---

(1) Allusion à son voyage à Tours en mars 1471.

l'issue de mes négociations, une bonne fortune me fit tomber dans les mains plusieurs œuvres de Cicéron, que des libraires étrangers (que nous appelons des imprimeurs) avaient apportées à Tours.

« Au milieu de ces agitations de cour, la lecture de ces ouvrages me causa un plaisir plus vif même que celui que j'avais éprouvé à les lire et relire chez moi. Mais ce plaisir eût été infiniment plus complet si le texte eût été très correct et chaque livre bien divisé par chapitres, de la même manière que l'ont été l'*Orator* de Cicéron, *Valère-Maxime* et *Laurent Valla* imprimés sous votre direction (1). Ces divisions (qu'on nomme chapitres) donnent certainement à l'ouvrage une grande clarté, au point d'en rendre la lecture facile même aux enfants.

« Je viens en conséquence vous prier d'améliorer par votre méthode de correction et de division les *Devoirs* de Cicéron que les libraires parisiens doivent imprimer d'ici à peu de temps. Cela doit être en effet très facile et très agréable pour un homme aussi savant et aussi obligeant que vous l'êtes, et à qui il ne manque rien pour que ce travail ne soit pas trop pénible.

« Adieu. Écrit très à la hâte, à Tours, dans la demeure de mon hôte, Rodolphe Toustain, le plus accueillant des amis, le 7 mars 1472. »

Cette lettre est datée de 1471, suivant l'ancien

(1) Voir ce que nous disons de l'impression des deux premiers de ces ouvrages, pages 154 et suiv.

style, mais il faut lire le 7 mars 1472, Pâques s'étant trouvé, cette année-là, le 29 mars. Après sa lettre, G. Fichet a placé un quatrain dont voici la traduction : « Sur le conseil de Guillaume, soyez attentif, Lapierre, à bien ponctuer et diviser les livres de Cicéron ; par ce travail facile, ô vous, ma glorieuse espérance, vous pourrez être toujours utile et honoré ! »

A la missive de G. Fichet, J. Heynlin a écrit une réponse qu'il a fait imprimer à la suite de celle de son ami dans le volume des *Devoirs*, et dans laquelle il rend éloges pour éloges à son confrère et collaborateur, en lui faisant connaître qu'il est toujours aussi empressé d'écouter ses conseils, de suivre ses avis dans l'intérêt de leur œuvre commune d'éditeurs.

La lettre de G. Fichet seule est datée ; J. Heynlin n'a pas pris cette précaution pour la sienne ; toutefois il suffit de connaître que la première a été écrite le 7 mars 1472, pour être certain que l'impression des *Devoirs* de Cicéron a été terminée vers cette date.

Mais une note manuscrite se trouvant sur un des exemplaires de cet ouvrage conservés dans la Bibliothèque Nationale, et que nous examinerons plus bas, permet de fixer d'une manière plus précise la publication du volume entre le 7 et le 29 mars. Cette note, mutilée par le relieur, a été restituée par M. Madden (1) d'une manière qui semble irré-

(1) Ouv. cité, p. 171.

prochable ; nous la reproduisons suivant la leçon de ce bibliographe, mais en respectant les abréviations, en soulignant les mots qu'il a restitués :

Comparat⁹ et emp*tus est præsens*
liber a me parisii *anno millesimo*
Quadringentesīo
Septuagesimo p'imo.

Cette annotation indique, sans contestation possible, que le volume a été acheté en 1471, année qui, suivant l'ancien style, a commencé le 14 avril 1471 pour finir le 29 mars 1472, de Pâques à Pâques. Or comme la lettre de G. Fichet est datée du 7 mars 1472 (*nouveau style*), le volume a été acquis et, en conséquence, l'impression en a été achevée entre le 7 et le 29 mars de cette année.

Nous allons examiner maintenant les divers exemplaires connus de cet ouvrage, qui est un des plus importants de ceux qu'a imprimés l'atelier de Sorbonne.

La Bibliothèque Nationale en possède trois exemplaires. Le premier est celui que J. Heynlin offrit à Georges (1), évêque de Metz ; le second est relié avec les *Tusculanes* que les prototypographes parisiens ont imprimées vers le même temps et dont nous parlerons ci-après ; le troisième est incomplet.

C'est sur le premier que nous fixerons notre

(1) Georges I de Bade, évêque de Metz (1459-1484).

Decimi Iunii Iuuenalis Satyrarū liber primus.

Materiā & causam satyrarū hac inspice prima.

SEMPER ego auditor tm̄. nunqͥ ne reponā.
Vexatus tociens rauci theseide codri?
Impune ergo mihi recitauerit ille togatas?
Hic elegos? impune diem consumpserit ingens
Thelephus? aut summi plena iam margine libri
Scriptus & in tergo, nec dum finitus orestes?
Nota magis nulli domus est sua, qͥ mihi lucus
Martis? & æoliis uicinum rupibus antrum
Vulcani? quid agant uenti? quas torqueat umbras
Aeacus? unde alius furtiue deuehat aurum
Pelliculæ? quantas iaculeͤ monicus hornos.
Frontonis platani, conuulsacͥ marmora clamant
Semper? & assiduo ruptæ lectore columnæ.
Expectes eadem a summo minimocͥ poæta.
Et nos ergo. manum ferulæ subduximus? & nos
Consilium dedimus syllæ? priuatus ut altum
Dormiret. stulta est clementia(cum tot ubicͥ
Vatibus occurras)petituræ parcere chartæ,
Cur tamen hoc potius libeat decurrere campo,
Per quem magnus equos aruncæ flexit alumnus?
Si uacat, & placidi rationem admittitis edam.
Cum tenet uxorem ducat spado? meuia tuscum
Figat aprum, & nuda teneat uenabula mamma?
Patricios omnis opibus cum prouocet unus,
Quo tondente grauis iuueni mihi barba sonabat?
Cum pars niliacͥ plebis, cum uerna canopi
Crispinus tirias humero reuocante lacernas
Ventilet æstiuum digitis sudantibus aurum?

description parce qu'ayant été offert à un personnage par J. Heynlin lui-même, il représente le type exact du volume, tel qu'il a été préparé par les éditeurs.

Nous avons dit que les *Devoirs* de Cicéron formaient un volume in-folio de cent vingt-trois feuillets, de trente-une lignes à la page ; il faut ajouter, pour l'exemplaire que nous décrivons et qui est relié en maroquin rouge, la lettre dédicatoire de J. Heynlin à l'évêque de Metz, qui occupe le verso d'un feuillet en vélin (1). Dans cette lettre, qui forme un tirage à part, J. Heynlin rappelle que G. Fichet l'a chargé de revoir le texte des *Devoirs,* auxquels il a ajouté les Livres *De Amicitiâ, De Senectute, Somnium Scipionis* et *Paradoxa.* Il n'a pas daté sa missive, au bas de laquelle il a écrit de sa main, après le mot *Vale : prestan*^me *pater.* Viennent ensuite la lettre de G. Fichet et la réponse de J. Heynlin; elles occupent trois feuillets ; le verso du troisième est blanc.

Le traité des *Devoirs* est précédé de la table des livres et chapitres, ayant à la fin seize vers de J. Heynlin à l'adresse des lecteurs. Cette table, qui occupe le verso du feuillet de la réponse de J. Heynlin à G. Fichet, plus quatre feuillets (le verso du quatrième, blanc), porte le titre suivant :

Uuiuersi operis officiorum .M. Tullii Ciceronis cum subjectaɼ materiaɼ recollectione summaria partitio.

(1) Ce feuillet en vélin a fait coter cet exemplaire, dans l'inventaire de la Bibl. Nat., de la manière suivante : * E *vélins*, 971.

Le Traité des *Devoirs*, qui vient après, contient les trois livres : *De Honesto*, vingt-huit feuillets ; *De Utili,* dix-sept feuillets, une page blanche ; *De comparatione honesti et utilis,* vingt-deux feuillets, une page blanche.

Le titre du premier livre est ainsi rédigé :

.M. Tullii Ciceronis, Arpinatis consulis Romani, oratorumq3 principis, ad M. Tulliú Ciceroné filiú suum officior̩) liber primus, in quo de honesto disse rĩt. fœliciter incipit.

Suivent, précédés chacun d'une table des chapitres, les livres : *De Amicitiâ,* dix-huit feuillets, une page blanche ; *De Senectute,* dix-sept feuillets, six lignes sur le verso du dix-septième ; *Somnium Scipionis,* six feuillets, onze lignes sur le verso du sixième ; deux feuillets blancs, et les *Paradoxa,* huit feuillets, une page blanche.

A la fin du texte, on lit :

.M. Tullii Ciceronis paradoxa fœliciter finiunt ;

Dans cet exemplaire de l'évêque de Metz, les grandes initiales, en tête des livres et chapitres, sont peintes en couleurs et or brillant. La premiére page du texte de Cicéron est ornée d'une dentelle portant sur la marge de gauche et celles du haut et du bas. Les sommaires des livres et chapitres sont écrits à l'encre rouge.

Mais le principal ornement se trouve en tête de la lettre de J. Heynlin à l'évêque de Metz ; il consiste

Sum tibi mercurius·uenio deus huc ego ut ille
Pingiẽ·an tenuis?uin tu gaudere relictis?
Deeſt aliqd ſummę·Minui mihi·ſed tibi totũ eſt!
Quicqd id eſt·ubi ſit fuge q̃rere!qd mihi quondã
Legarat ſtadius·neu dicta repone paterna!
Fœnoris accedat merces·hinc exime ſumptus·
Quid reliquũ eſt?reliquũ?nuncñc impenſius ũge!
Vnge puer caules·mihi feſta luce coqueã
Vrtica,& fiſſa fumoſum ſinciput aure!
Vt tuus iſte nepos olim ſaẽ anſeris extis
(Cum moroſa uago ſingultiet inguine uena)
Patritiæ meiat uuluæ?mihi trama figuræ
Sit reliqua!aſt illi tremat omento popa uenter?
Vende animã lucro!& mercare!atcʒ excute ſollers
Omne latus mundi!ne ſit p̃ſtantior alter
Cappodocas rigida pingues pauiſſe cataſta·
Rem duplica·feci·iam triplex!iam mihi quarto!
Iam decies redit in rugas·depinge!ubi ſiſtam·
Inuentus chriſippe tui finitor aceruï

A·P·F·Satyrarʒ liber finit fœliciter·

Erhardi Tetraſtichon ad germanos
    librarios ingenuos·
Ecce tibi princeps ſatyrorʒ codice paruo
    Perſius!arte noua impreſſus!& ingenue·
Fœlices igiẽ alemannos!arte magiſtra
    Qui ſtudia ornantes,fertis in aſtra gradum;

en une belle miniature, empiétant sur les onze premières lignes, et dans laquelle se détache un écusson à fond d'or, aux armes de Georges I de Bade, surmonté d'une crosse d'évêque, et supporté par quatre femmes-attributs.

On remarque une correction faite à la main à la vingt-deuxième ligne de la lettre de J. Heynlin à G. Fichet ; le compositeur avait mis le mot *gratissimus* pour celui de *grauissimus ;* on a transformé le *t* en *u*.

Cet exemplaire provient de la collection de La Vallière.

Le deuxième exemplaire de la Bibliothèque Nationale (1) contient toutes les matières comprises dans le premier ; il est relié en maroquin rouge avec les *Tusculanes* dont nous nous occuperons. C'est un exemplaire magnifique, à pleines marges et fort bien conservé, mais il est très incomplètement orné. Les grandes initiales des têtes des livres et chapitres sont peintes en couleur rouge ; quelques-unes manquent ou ne sont qu'ébauchées ; dans le corps du texte, elles ne sont pas faites et leur place est laissée en blanc ; les capitales sont marquées en jaune d'un coup de pinceau, et les alinéas qui ne sont pas en belle ligne sont désignés par un signet rouge.

Les livres du Traité des *Devoirs* sont numérotés I, II, III, à l'encre rouge, au centre de la marge

(1) Bibl. Nat., Réserve * E. 5.

supérieure de chaque recto de feuillet. Les quatre Traités qui suivent ont leur titre respectif écrit à l'encre rouge en tète de chaque recto de feuillet.

Le troisième exemplaire est incomplet, nous l'avons dit (1) ; il y manque le *Somnium Scipionis*, lacune non observée jusqu'à ce jour; deux feuillets blancs remplacent ce traité. Ce volume est relié en maroquin rouge et est doré sur tranches. C'est celui qui porte la note dont nous avons parlé, constatant que son premier possesseur l'a acheté en 1472.

Cet exemplaire est plus orné que le précédent ; on semble avoir eu d'abord l'intention d'en faire un exemplaire de luxe, car il est réglé. Toutes les lettres initiales s'y trouvent peintes en couleur rouge, et celles de la première page du *De Senectute* et des *Paradoxa* sont exceptionnellement ornées.

De nombreuses annotations s'y trouvent dans certaines parties, spécialement dans le premier chapitre du *De Senectute* ; elles sont d'une écriture postérieure au xve siècle.

Cet exemplaire paraît avoir été formé avec les premières feuilles tirées, car on y remarque une faute qui a été corrigée pendant l'impression dans le tirage des précédents. Le mot *officiosissimo* est écrit dans celui-ci, *officiosimo,* à la vingt-quatrième ligne de la lettre de G. Fichet à J. Heynlin, et cette ligne se termine par le mot *nihil.* Dans les autres

(1) Bibl. Nat., Réserve * E. 6.

exemplaires, on a rétabli le mot *officiosissimo* et, pour gagner la place nécessaire, on a fait passer la seconde syllabe de *nihil* à la vingt-cinquième ligne, de telle sorte que celle-ci, qui commençait par *oïno,* ainsi qu'on le voit dans lé troisième exemplaire que nous décrivons, a commencé dans les autres par *hil oïno;* cette correction en a même nécessité une autre à la vingt-sixième ligne qui se terminait par *Non* qu'on a transformé en *Nō,* détail qui n'a pas encore été signalé, croyons-nous.

Ces corrections ont fait penser à quelques bibliographes qu'il y avait eu deux tirages des *Devoirs* de Cicéron dans l'atelier de Sorbonne. Il est plus probable que les corrections ont été faites pendant l'impression, ainsi que parfois il arrive encore de nos jours. Du reste, la correction du mot *grauissimus,* à la vingt-deuxième ligne de la lettre de J. Heynlin à G. Fichet, est faite à la main dans le troisième exemplaire comme dans les autres; ne peut-on pas supposer que J. Heynlin, s'il avait revu la composition pour un second tirage, se serait aperçu de cette faute et l'aurait aussi corrigée typographiquement?

Le volume des *Devoirs* de Cicéron se trouve, dans la Bibliothèque de Bâle, relié avec les *Tusculanes* en tête et un autre ouvrage aussi imprimé en Sorbonne, et que nous retrouverons plus loin, les *Devoirs* de saint Ambroise (1). Cet exemplaire

(1) Bibl. de Bâle, C. B. I. 13.

provient de J. Heynlin, comme ceux des ouvrages auxquels il est joint ; c'est la Chartreuse de Bâle qui a fait relier le tout ensemble ; il est conforme au premier de la Bibliothèque Nationale ; comme celui-ci, il est réglé, mais il ne porte pas d'ornements ; les têtes des chapitres ont été laissées en blanc pour être écrites à la main, ce qui n'a pas été fait.

La bibliothèque de lord Spencer possède aussi le traité des *Devoirs*.

L'édition des *Devoirs* de l'atelier de Sorbonne est citée dans le catalogue de La Vallière (1) ; nous avons dit que l'exemplaire de cette collection était celui de l'évêque de Metz, qui appartient aujourd'hui à la Bibliothèque Nationale, et qui a été payé 450 francs.

Cette édition est citée aussi dans le répertoire de Hain, n° 907, et dans Panzer, tome II, page 273. Brunet fait connaître différents prix auxquels ont été vendus les *Devoirs* de Cicéron : avec les *Tusculanes*, 452 francs, Brienne-Laire, et 480 francs en octobre 1825 ; sans les *Tusculanes*, 25 liv. 14 sh. 6 d. Sykes, et 8 liv. 18 sh. 6 d. Heber.

XIV. QUÆSTIONES TUSCULANÆ — In-fol.

Cette œuvre de Cicéron a dû être imprimée à peu près dans le même temps que les *Devoirs*, peut-

_____
(1) La Vallière, n° 2,280.

être immédiatement après. Plusieurs bibliographes, par le motif qu'on a trouvé les *Tusculanes* reliées avec le *De Officiis*, ont cru pouvoir affirmer que les deux formaient non pas des éditions synchroniques, mais un seul et même ouvrage divisé en deux parties. C'est là une erreur, et pour prouver cette erreur il suffit de se reporter à la lettre de J. Heynlin à G. Fichet, insérée dans les *Devoirs*.

En effet, dans cette lettre, J. Heynlin énumère scrupuleusement les traités qu'il a joints aux *Devoirs*: *De Amicitia*, *De Senectute*, *Somnium Scipionis* et *Paradoxa*. Des *Tusculanes*, il n'est pas question. On ne peut supposer que J. Heynlin ait oublié, dans son énumération des diverses parties de l'ouvrage en préparation, une œuvre aussi importante que les *Tusculanes*.

A cette preuve il faut en ajouter une seconde non moins péremptoire, à savoir que l'exemplaire des *Devoirs* offert par J. Heynlin à l'évêque de Metz ne contient pas les *Tusculanes,* qu'il n'en est pas question dans la lettre dédicatoire. Il est évident que si cette œuvre avait fait corps avec les *Devoirs,* l'éditeur n'aurait pas manqué de le comprendre dans un exemplaire offert en don à un haut personnage; à moins qu'on ne veuille admettre que volontairement J. Heynlin ait décomplété le volume, ce qui serait incompréhensible.

D'autre part, la plus grande partie des exemplaires connus des *Tusculanes* ne sont pas joints aux *Devoirs;* ils forment un volume spécial. Si un des

exemplaires de la Bibliothèque Nationale est relié
avec celui des *Devoirs,* si celui de la Bibliothèque
de Bâle est relié aussi avec les *Devoirs,* mais auxquels on a ajouté les *Devoirs* de saint Ambroise, ce
n'est là qu'un assemblage fait bien postérieurement
à l'impression et suivant la fantaisie du propriétaire ;
et la preuve, c'est que dans le volume de la Bibliothèque Nationale, les *Tusculanes* sont reliées après
les *Devoirs,* et que dans celui de Bâle, elles se trouvent avant.

Par contre, les exemplaires spéciaux sont relativement nombreux ; ainsi nous les rencontrons à la
Bibliothèque Nationale, dans les catalogues de La
Vallière, de Crevenna et de Spencer. Panzer ne les
cite pas et n'a connu que le *De Officiis.*

Pour tous ces motifs, on peut affirmer que les
Tusculanes n'ont pas fait corps avec les *Devoirs.*

Cet ouvrage, in-folio, de quatre-vingt-sept feuillets de trente-une lignes à la page, commence par
lé titre suivant :

M. T. C. orator) Homeri prologus in Tusculanarum
quæstionum (in quibus de maximis quæstionibus co'
piose, ornateq3 dicit) librum p'mum fœliciter incipit:

Il se termine ainsi :

.M. T. Ciceronis Tusculanar) quæstionū Liber
Quintus & ultimus finem habet fœlicém;

Le texte des *Tusculanes* comprend quatre-vingt-
cinq feuillets ; viennent ensuite deux feuillets qui

contiennent : 1° quatorze vers d'Erhard de Windsberg, l'ami des prototypographes parisiens, vers adressés aux admirateurs de Cicéron ; 2° la table des cinq livres et des quarante-deux chapitres ; 3° quatorze autres vers d'Erhard Windsberg, après lesquels se trouvent ces mots : *Vale Lector Studiose.*

La Bibliothèque Nationale possède deux exemplaires des *Tusculanes ;* le premier est celui qui est relié avec les *Devoirs.* Les cinq livres sont désignés par les numéros I, II, III, IV, V peints à l'encre rouge ou bleue, au milieu de la marge supérieure de chaque feuillet.

On remarque une correction faite assez grossièrement à la main dans le cinquième vers de la première pièce d'Erhard de Windsberg ; le compositeur avait mis *Vano Marconi* pour *Varo Maroni.*

Le deuxième exemplaire des *Tusculanes* de la Bibliothèque Nationale (1) est relié en maroquin rouge aux armes royales ; il a les marges grandes, bien que rognées, et les tranches grises. Les lettres initiales des livres sont peintes soigneusement en couleurs ; celles des chapitres sont peintes en couleur bleue ou rouge. La correction signalée plus haut dans les vers d'Erhard est très bien faite.

Malheureusement cet exemplaire est incomplet, et on lit, écrite à la main sur une petite feuille attachée au volume, cette note : « Manque le 1 feuillet

____

(1) Bibl. nat., Réserve, * E. 7.

« et deux autres qui ont été donnés à M. Re-
« nouard, pour le *Mérite des Femmes* in-32 mi-p.
« int. vélin et 2 autres volumes.

« Le 7bre 1826. »

Nous avons dit que le volume des *Tusculanes*
se trouve à la Bibliothèque de Bâle relié avec le
De Officiis de Cicéron et celui de saint Ambroise,
provenant de la collection de J. Heynlin. Incomplet.

Il existe aussi dans la bibliothèque de lord
Spencer.

Il est mentionné dans les catalogues : de Hain,
n° 5,311 ; La Vallière, n° 2,265 (incomplet) ; Crevenna,
2e Cat., n° 1,538, défectueux en divers endroits ;
Brunet, tome II, col. 15 ; Madden, p. 170.

CHAPITRE IX

XV. Lucii Annei Flori de tota Hystoria Titi Livii Epithoma. — In-4°

Ce livre de Florus eut de tout temps une grande réputation. Florus, Espagnol d'origine, pense-t-on, et de la famille des Sénèques, naquit vers 813 de Rome (60 ans après J.-C.) et mourut en 863.

Des ouvrages qu'il a pu composer, son *Abrégé* de l'histoire de Rome est le seul qui soit resté; ce résumé comprend les principaux évènements depuis Romulus jusqu'à Auguste, et il est écrit en un style élégant; un critique moderne l'a appelé un véritable tableau d'Apelles : aussi a-t-il été édité fréquemment depuis l'invention de l'imprimerie et

par un certain nombre d'ateliers prototypogra-
phiques de divers pays (1).

Les prototypographes parisiens, en plaçant
l'œuvre de Florus dans leur collection, sont donc
restés fidèles aux aspirations littéraires de leurs
deux premiers inspirateurs; mais en accolant au
nom de Florus celui de Tite-Live, ils ont reproduit
une erreur qui a eu cours jusqu'au xvi⁰ siècle, et qui
faisait passer l'*Epitoma* de Florus pour l'abrégé de
l'histoire de Tite-Live, erreur que Jean-Albert Fa-
brïcius et Juste-Lipse ont affirmée les premiers. La
confusion arriva même à un tel point, que certains
attribuèrent à Florus les *Epitomæ* de Tite-Live.

Quoi qu'il en soit, l'édition de Sorbonne, qui a
dû paraître dans le courant de 1472, à en juger par
le caractère qui est déjà défraîchi, est un in-4° de
quatre-vingt-neuf feuillets, texte et préface, de vingt-
trois lignes à la page comme ses congénères, et
contenant les quatre livres complets de Florus. Ce
doit être une édition *princeps,* car à part celle-là,
les deux plus vieilles connues doivent être de la
même année, l'une imprimée avec des caractères
semblables à ceux de l'*Ausone* de Venise, et l'autre,
avec les caractères d'Arnold Therhœrnen de
Cologne.

Sur le verso du premier feuillet, se trouve l'argument de l'ouvrage dont voici le titre:

____

(1) L'ouvrage de Florus a même été pris comme type dans les
temps modernes; c'est ainsi qu'on a eu les Florus *gallicus, germanicus,
christianus, sanctus, helvetius, hungarius,* etc., etc.

In L. Annei Flori Epithoma de hystoria
Titi Liuii, Argumentū fœliciter incipit;

Le premier livre a dix-huit feuillets, le second
vingt-deux, le troisième vingt-cinq, et le quatrième
vingt-trois.

·A la fin du volume, on lit la souscription suivante :

> L. Annei Flori Epitoma de
> Tito Liuio, finit liber quartus
>
> Robertus Gaguinus, Lucei Annei
> Flori lectoribus, salutem optat.

Après quoi, viennent huit vers latins composés
par Robert Gaguin.

L'intervention unique de Gaguin ne semble-t-elle
pas indiquer qu'au moment où le *Florus* fut imprimé,
J. Heynlin et G. Fichet avaient déjà un peu aban-
donné la direction de l'atelier de Sorbonne? En
effet, nos deux éditeurs sorbonistes auraient-ils fait
imprimer ce volume sans y mettre leur marque? Ce
point est tout au moins douteux.

Les premières lettres de chacun des vers de
Gaguin sont séparées par un blanc du reste du
mot :

> Q uos nulla in terris concluserat ora quirites
> H æc flori obstrictos parua tabella capit.

Particularité que nous avons déjà signalée dans
plusieurs des impressions faites en Sorbonne.

26

Il faut ajouter que suivant certaines descriptions contenues dans des catalogues de grandes collections, il y aurait eu des exemplaires qui ne portaient pas la souscription du quatrième livre; comme aussi d'autres portaient cette souscription, mais sans les vers de Gaguin.

La Bibliothèque Nationale possède un exemplaire du *Florus* (1); il est relié en maroquin bleu et doré sur tranches. La lettre initiale de chaque livre est peinte en or et en couleurs. Les titres des chapitres, placés au milieu de la page et soulignés, ont leur initiale peinte en bleu ou en rouge. La première page de chaque livre est ornée d'une dentelle portant sur la moitié de la marge de gauche; pour le troisième livre seul, cet ornement s'étend sur la marge supérieure. Quelques annotations, d'une écriture contemporaine, se trouvent sur le huitième feuillet.

Un autre exemplaire est conservé dans la Bibliothèque Mazarine (2). Il est relié avec les lettres apocryphes de Brutus et de Cratès qui accompagnent ordinairement les lettres de *Phalaris* que nous avons décrites, ce qui prouve une fois de plus que les prototypographes parisiens ont fait des tirages à part des divers traités qu'on trouve aussi réunis en volume. Dans cet exemplaire les grandes initiales sont peintes en couleur bleue ou rouge. Le nom *Flori,* du titre, est souligné à l'encre rouge.

(1) Réserve J + 1007 B.
(2) N° 17,144, *Incunables.*

La Bibliothèque de Bâle possède l'exemplaire de J. Heynlin, relié avec le *Salluste,* ainsi que nous l'avons dit à propos de ce dernier. Cet exemplaire n'a pas d'ornements exceptionnels; les initiales sont peintes en couleur bleue ou rouge.

Le *Florus* de Sorbonne se trouve aussi au British Museum.

Ce volume est cité dans Hain, n° 7,196; Panzer, tome II, p. 270; Spencer, tome II, p. 29, n° 237; La Vallière, n° 4,887; De Bure, n° 4,824; Brunet, tome II, col. 1310. Ce dernier cite un exemplaire vendu 801 francs à la vente Camus de Limare.

XVI. Juvenalis et Persii Satiræ. — In-fol.

Ce volume que nous désignons sous ce titre, et qui contient des œuvres des deux illustres satiriques latins, est un de ceux qui ont été imprimés en l'atelier de Sorbonne et dont aucun bibliographe français n'a donné *de visu* la description. Tous les auteurs qui l'ont cité ne s'en sont rapportés qu'à ce qu'en a dit Dibdin, d'après un exemplaire qui appartenait au collège de la Magdeleine, à Oxford. Plus heureux que nos devanciers, nous avons pu l'examiner à Bâle, où il se trouve, dans la collection provenant de J. Heynlin.

C'est un volume in-folio, réglé, à marges pleines; les caractères sont un peu défraîchis, et c'est pour ce motif que nous pensons qu'il a été imprimé dans le milieu de 1472.

Il commence par les *Satires* de Juvénal, qui comprennent soixante et un feuillets utiles de trente-deux lignes à la page (cinq cahiers de dix feuillets et un de douze feuillets dont le dernier est blanc). Il a pour titre :

> Decimi Iunii Satirař
> Liber primus

A la fin, au verso du soixante et unième feuillet, on lit :

> Decimi Iunii Iuuenalis Aquinatis
> Satyrarum liber finit Fœliciter.

Puis viennent, avec un intitulé, deux vers d'Erhard de Windsberg :

> Erhardus, D. I. Iuuenal' cultori, F. optat;

> Ecce parens Satyrař, princeps cliconis et auctor!
> In prauos mittens tela scuera notæ.

Le texte de Perse commence de suite sur le recto du soixante-deuxième feuillet, ce qui prouve que les deux ouvrages ont été tirés en même temps et ont fait corps. Le texte porte sur onze feuillets utiles (un cahier de douze feuillets dont le dernier est blanc); le titre est ainsi conçu :

> Aulii persii flacci in satyrař librum prolo≈
> gus constans metro iambico trimetro.

Suivent les six satires; le texte, dont dix-neuf lignes portent sur le onzième feuillet, se termine ainsi :

A. P. F. Satyrar liber finit fœliciter.

Ici, comme à la fin du Juvénal, les imprimeurs ont placé des vers d'Erhard :

Erhardi Tetrastichon ad germanos
Librarios ingenuos.

Ecce tibi princeps satyror (1) codice paruo
  Persiius! arte noua impressus! & ingenue
Fœlices igit alemannos! arte magistra
  Qui studia ornantes, fertis in astra gradum;

Les satires de Juvénal et de Perse forment un volume de soixante-douze feuillets utiles au total ; il y a trente-deux lignes à la page. L'exemplaire de Bâle, qui provient, nous l'avons dit, de la collection de J. Heynlin, est relié avec le *Térence* dont nous nous occupons ci-après (2). La reliure a le type des reliures de la Chartreuse de Bâle. C'est un exemplaire non orné et dans lequel les initiales ont été laissées en blanc, sauf celles des deux premières satires de Perse qui sont peintes en couleur, l'une rouge et l'autre bleue. Le papier de Perse porte une ancre en filigrane.

(1) Brunet (tome III, col. 626), en reproduisant ces vers d'après Dibdin, a commis une erreur en écrivant *satyrar*. Dibdin a cependant écrit le mot correctement. (Voy. tome II, p. 221 de la *Bibl. spenceriana.*)
(2) Bibl. de Bâle, A. M. V. 6.

Dibdin est, jusqu'à ce jour, le seul bibliographe qui ait décrit cette édition de Sorbonne, *de visu*, comme nous l'avons dit. Hain en a signalé l'existence dans son *Répertoire*, n° 9,674. Brunet en a parlé d'après Dibdin, ainsi que M. Madden (1).

XVII. Publii Terencii Comœdiæ. — In-fol.

Ce volume, qui contient des comédies de Térence, a été, sans aucun doute, au nombre des derniers imprimés dans l'atelier de Sorbonne, car on y remarque que le caractère est déjà fatigué. C'est un in-folio de quatre-vingt-six feuillets (huit cahiers de dix feuillets, *quinternions*, et un cahier de six feuillets, *ternions)*, et de trente-deux lignes à la page.

Le texte commence sur le recto du premier feuillet par cet intitulé :

Publii Terentii afri pœte comici Andria incipit fœliciter.

Viennent ensuite, sur la même page, l'épitaphe de Térence, l'argument de la tragédie et quinze vers du prologue de l'*Andrienne*.

Le volume se termine par le *Phormion*, au verso du dernier feuillet, avec ces deux lignes :

Publii Terentii Afri Pœtæ Comici
Comediar̶ liber Finit Fœliciter.

(1) Ouv. cité, p. 183.

Il ne semble pas qu'on puisse reconnaître dans ce volume la méthode de division, de classification des matières dont J. Heynlin et G. Fichet s'étaient fait une règle stricte. Les vers sont imprimés comme de la prose ; les actes des comédies ne sont pas détachés nettement, et il en est de même pour les personnages dont les noms ne sont désignés que par leurs trois premières lettres placées en pleine ligne. Cet arrangement défectueux rend très difficile la lecture du texte, et ne répond pas aux exigences habituelles de nos éditeurs sorbonistes.

La Bibliothèque de Bâle possède un exemplaire complet du volume de Térence, réglé et réuni à d'autres incunables (1), dont font partie les satires de Juvénal et de Perse, que nous avons examinées plus haut ; il provient de J. Heynlin. Les lettres initiales sont peintes en couleur rouge ou bleue, mais sont d'un style différent de celui des autres volumes de l'atelier de Sorbonne. Les capitales sont marquées en couleur jaune, au pinceau.

La Bibliothèque Nationale a aussi un exemplaire du *Térence;* il est relié en maroquin violet et est doré sur tranches ; il a les marges presque entières. Malheureusement cet exemplaire est incomplet : il n'a que soixante et un feuillets. Toute la première comédie, l'*Andrienne,* manque ; le volume commence par la

---

(1) Il est précédé d'une édition des *Fables* d'Ésope, avec gravures, imprimée à Augsbourg par Ant. Sorg ; et du *Speculum stultorum* de Nigellus Virecker, imprimé à Utrecht par Ketlaer et Lempt. — Bibl. de Bâle, A. M. V. 6.

troisième scène du troisième acte de l'*Eunuque*, et il finit par l'acte IV du *Phormion*. Une note manuscrite, placée en tète du volume, contient l'énumération des parties absentes, en même temps qu'une dissertation, en plusieurs points erronée, à propos de cette édition; le rédacteur de cette note ne semble pas s'être douté de la provenance du volume.

Le *Térence* de Sorbonne est décrit dans le catalogue de la bibliothèque de Spencer, et c'est d'après Dibdin que Brunet en a parlé; M. Madden a décrit l'exemplaire de la Bibliothèque Nationale (1).

Il est à supposer que l'édition de l'atelier de Sorbonne est une édition *princeps*. Ainsi que le fait observer l'annotateur de l'exemplaire de la Bibliothèque Nationale, les manuscrits de Térence des collections du roi, de Colbert, de Le Tellier, de Bigot et celui de Bembo, portent le mot *appone,* dans la scène I de l'acte I de l'*Heautontimorumenos,* tandis que, dans les plus anciennes éditions de cet auteur, ce mot est remplacé par *depone*. Or l'édition de Sorbonne portant *appone,* ne doit-on pas penser qu'elle a été faite d'après un manuscrit de Paris, et non d'après une édition antérieure ?

(1) *Bibl. spencer.*, tome II, p. 408; Brunet, tome V, col. 704; Madden, **ouv**. cité, p. 189.

XVIII. DE OFFICIIS SANCTI AMBROSII. — In-fol.
XIX. SENECÆ LIBELLUS DE QUATUOR VIRTUTIBUS.— Id.

Ce volume des *Devoirs* de saint Ambroise est
un in-folio de quatre-vingt-dix feuillets de trente
et une lignes longues à la page, auquel se trouve
joint un petit Traité de Sénèque, de quatre feuillets, du même nombre de lignes à la page. Le
caractère est défraîchi.

Le texte des *Devoirs* occupe quatre-vingts feuillets
et commence par cet intitulé :

Ambrosii ecclesie doctoris sapientissimi, mediolanoꝛ̨ pre
sulis sacratissimi, ad suos quos in christo per euangelium
genuit filios carissimos, officioꝛ̨ liber primus. In quo de
honesto officiisq3 a fontibus quattuor honesti exortis deꝫ
terminãs, in quattuor partibus tractatus! fœliciter incipit;

Le texte finit par ces lignes :

Ambrosii Doctoris eximii, Officioꝛ̨ liber tertius
& ultimus, in quo de honesti utilisq3 comparatioꝫ
ne explicatum est! fœliciter finit.

Les dix feuillets suivants sont occupés par la
table des chapitres qui porte cet intitulé :

Totius huius operis Officiorum Ambrosii eccle
siæ doctoris sapientissimi! cum subiectaꝛ̨ mateꝫ
riarum recollectione summaria, perutilis diuisio.

27

Le traité de Sénèque vient ensuite qui occupe quatre feuillets et porte pour titre :

Senecæ Moralis philosophi de quattuor uirtutibus libellus fœliciter incipit.

Il se termine par les lignes suivantes :

Prudentissimi Senecæ opusculum de quattuor uirtutibus *!* finit fœliciter.

Il est à remarquer que plusieurs des exemplaires des *Devoirs* de saint Ambroise imprimés en Sorbonne, ne sont ni précédés ni suivis de l'opuscule de Sénèque, ainsi que nous allons le voir, ce qui prouverait que ce Traité a été tiré à part.

La Bibliothèque Nationale possède trois exemplaires des *Devoirs* de saint Ambroise. Le premier (1) a une reliure contemporaine usée, plats en bois, avec traces de fermoirs ; les marges sont pleines, quelques feuillets sont tachés. Les grandes lettres initiales sont peintes en couleur rouge ou bleue. Les majuscules du texte courant sont touchées au pinceau, en couleur jaune.

Cet exemplaire, qui provient d'un couvent de capucins, est complet.

Le second (2) est relié en maroquin vert, aux armes de Condé ; il est rogné et doré sur tranches. Une note écrite à la fin fait connaître qu'il a d'abord

(1) Bibl. Nat., Réserve C. *Invent.* 411.
(2) Bibl. Nat., Réserve C. *Invent.* 410.

appartenu à *maître Robert de Orto.* Il diffère du précédent par les points suivants : 1° Les titres sommaires des livres et des chapitres ne sont pas imprimés ; on a tiré en blanc sur l'espace qu'ils devaient occuper, afin de les écrire à l'encre rouge, comme on l'a fait dans un des exemplaires des *Devoirs* de Cicéron ; 2° la même précaution a été prise pour les grandes initiales ; mais ni ces lettres ni les sommaires n'ont été écrits ; 3° la table des chapitres se trouve à la fin, sa place naturelle ; 4° l'opuscule de Sénèque n'est pas joint aux *Devoirs.*

Le troisième exemplaire de la Bibliothèque Nationale (1) est relié en maroquin rouge, aux armes royales ; ses marges, bien que rognées, sont plus larges que celles du précédent ; il a les tranches grises. La table se trouve à la fin du volume, et il n'a pas le traité de Sénèque. Les grandes initiales n'ont pas été faites, et les majuscules du texte sont touchées au pinceau comme dans le premier exemplaire.

La Bibliothèque Sainte-Geneviève a deux exemplaires de cette édition. Le premier (2) est relié en veau fauve, avec les lettres S. G. entrelacées sur le dos ; il a les marges grandes et les tranches rouges. La table se trouve à la fin du volume, et est suivie du traité de Sénèque. Cet exemplaire, bien conservé, a quelques annotations sur le premier feuil-

---

(1) Bibl. Nat., Réserve C. *Invent.* 412.
(2) Bibl. Ste-Geneviève, Œ 140.

lét. Les initiales ne sont pas faites, sauf deux assez grossièrement dessinées à l'encre noire.

Le deuxième exemplaire de Sainte-Geneviève (1) est relié en parchemin avec les plats en bois : il a les tranches rouges. Le texte est encadré par un filet rouge. Cet exemplaire est bien conservé, mais il n'est pas complet ; il y manque la table des chapitres et l'opuscule de Sénèque. La grande initiale du premier livre est peinte en or et en couleurs ; celles des autres livres sont peintes en couleurs rouge et bleue ; celles des chapitres sont peintes en l'une ou l'autre couleur ; les capitales du texte sont touchées au pinceau, en couleur jaune.

Cet exemplaire, suivant une note écrite sur la première page, a appartenu d'abord à l'église de Senlis, et ensuite à la Bibliothèque Sainte-Geneviève, depuis 1731.

Le volume des *Devoirs* de saint Ambroise existe aussi dans la Bibliothèque de Bâle, provenant de J. Heynlin ; il est relié avec les œuvres de Cicéron éditées en Sorbonne (2) ; mais ici le traité de Sénèque précède au lieu de suivre les *Devoirs*, ce qui prouve une fois de plus que le petit opuscule a été tiré à part.

Peu de bibliographes ont cité le volume que nous venons de décrire. Hain l'enregistre sous le n° 907, et Brunet (3) en parle, très brièvement du

(1) Bibl. Ste-Geneviève, Œ 140 bis.
(2) Bibl. de Bâle, C. B. I. 13.
(3) Brunet, tome I, col. 228.

reste, à propos d'un exemplaire vendu 22 francs à la vente Brienne-Laire. M. Madden l'a fait entrer dans sa liste des impressions de l'atelier de Sorbonne.

XX. Speculum Humanæ Vitæ. — In-fol.

L'auteur de cet ouvrage est l'évêque espagnol Rodriguez ou Sanchez de Arevalo, titulaire des sièges épiscopaux d'Oviedo, de Zamora, de Calahorra et de Placentia, et qui fut gouverneur du château Saint-Ange, à Rome, sous Paul II. Son *Speculum humanæ vitæ* est un traité de morale qui obtint une grande renommée dans le xve siècle ; il fut imprimé pour la première fois à Rome, en 1468, par Sweynheym et Pannartz, et dès lors il eut une quinzaine d'éditions.

Nos prototypographes parisiens, en l'éditant eux-mêmes, sacrifièrent à l'engouement de l'époque ; ce dut être vers la fin de l'année 1472 qu'ils imprimèrent ce volume dont le caractère est fatigué. C'est un in-folio de cent trente-neuf feuillets utiles, de trente-deux lignes longues à la page. Il commence par le titre suivant :

Ad sanctissimū & beatissimū dominū , dominū Paulū Secundū Pontificē Maximū? liber incipit dictus Speculum humanæ uitæ .(Quia in eo cuncti mortales in quouis fuerint statu uel officio spirituali aut t̄pali! speculabunt̄ eius artis et uitæ prospera & aduersa! ac

recte uiuēdi documenta) editus a Rodorico zamorensi
& postea Calagaritano hispano, eiusdē sanctitatis in
castro suo Sancti Angeli castellano.

Les huit premiers feuillets contiennent la lettre
dédicace à Paul II, la préface, la table des chapitres.

Vient ensuite le texte de l'ouvrage, divisé en
deux livres, dont le premier a quarante-trois chapitres, et le second trente. Ce texte occupe cent
vingt-sept feuillets utiles. A la fin, se trouvent les
vers suivants :

> Edidit hoc linguæ clarissima norma latinæ *!*
> Excelsi ingenii uir Rodoricus opus.
> Qui norma angelica est custos bene fidus in arce *!*
> Sub Pauli ueneti nomine pontificis.
> Claret in Italici Zamorensis episcopus ausis
> Eloquii *!* it superos gloria parta uiri.

M. Madden fait observer (1) que dès l'édition de
1468, les éditeurs, se copiant les uns les autres,
ont reproduit ces vers avec des fautes qui les ren-
dent incompréhensibles; ils avaient écrit *arte* pour
arce au troisième vers, et *id* pour *it* dans le dernier.
Nous ferons observer à notre tour que ces fautes
n'existent pas dans l'édition de Sorbonne ; mais on
en a laissé une autre importante au troisième vers,
où, au lieu de *Qui norma angelica,* soit *Que norme
angelice,* comme l'ont imprimé quelques-uns, il faut
lire *Qui Romæ angelicæ.* Sans ces rectifications les
vers sont incompréhensibles, mais grâce à elles

(1) Ouv. cité, p. 190.

on peut arriver à traduire les distiques avec un sens clair.

Après le texte de Rodriguez, vient une table alphabétique des matières, qui occupe quatre feuillets. Cette table porte l'intitulé suivant :

Incipit repertorium siue Tabula per alphabetum ad faciliter recipiendas materias in presenti libro Dicto Speculum Humanæ uitæ.

A la fin de la table on lit :

Finis fœlix atq3 optatus illius breuis
tabulæ siue repertorii per alphabetŭ,
in presentem libṝ speculum humanæ
uitæ nuncupatum ;

La Bibliothèque Nationale possède trois exemplaires du *Speculum humanæ vitæ*. Le premier (1) est un magnifique volume, réglé, relié en maroquin rouge, à pleines marges et doré sur tranches. Il provient de la Sorbonne dont il porte le cachet. Les enluminures dont cet exemplaire est orné sont particulièrement soignées et méritent une description détaillée. La première page est d'un très bel aspect ; la lettre S initiale est finement dessinée et peinte en couleurs bleue, rouge et jaune ; il s'en détache une tête coiffée d'un bonnet vert de l'époque, et au-dessous est accroupi un griffon. Sur la marge de gauche et celle du bas se déroulent les

____

(1) Bibl. nat., Réserve R., 578.

branches d'un arbre noueux très bien dessinées et peintes délicatement ; autour de cet ornement, et sur la marge du haut, se trouve une dentelle peinte en or et en couleurs avec un bouquet de fraises admirablement faites.

Sur la première page du livre I, on remarque la lettre initiale N peinte en or et en couleurs ; le bouquet de fraises y est reproduit, et le jambage de gauche est formé par un animal gris au corps de salamandre, à la tète garnie de longues oreilles, et avalant une femme ; ce dessin original et fantastique est très bien exécuté. La marge de gauche est ornée d'une dentelle.

La première page du livre II est aussi remarquablement ornée. La lettre initiale M, peinte en or et en couleurs, est aussi très originale ; les deux jambages de droite et de gauche sont formés par deux animaux semblables à celui qui est peint sur la première page du livre I ; leurs corps sont perpendiculaires, la tète en bas, se mordant la queue ; le jambage du milieu est formé par les cols allongés des deux animaux, enlacés en forme de tresse. Les marges de gauche, du haut et du bas sont ornées d'une dentelle.

Les autres initiales du texte sont peintes en couleur rouge ou bleue, et toutes les capitales sont marquées au pinceau, en couleur jaune.

Quelques annotations existent dans les marges du livre I de ce volume remarquable. Au chapitre XXIX du même livre, on trouve la correction, faite

à la main, d'une erreur de composition et se rapportant à un renvoi à des chapitres précédents :
au lieu de renvoyer aux chapitres XV et XVI, il
fallait écrire chapitres XXI et XXII.

Le deuxième exemplaire de la Bibliothèque
Nationale (1) est relié en veau fauve, tranches de
même couleur ; il porte sur le plat, repoussé en or,
le cachet de la Bibliothèque de Saint-Victor, de
Paris. Les grandes initiales de la première page et
des deux livres sont peintes en or et en couleurs,
l'or ayant cet éclat qu'on ne sait plus lui donner
aujourd'hui. Les autres initiales du texte sont
peintes en couleur rouge ou bleue. Les paragraphes sont indiqués par un signet aussi bleu ou
rouge. Cet exemplaire, bien que moins orné que le
premier, est très beau ; il a les marges pleines et
est bien conservé.

Le troisième (2) est relié en veau ordinaire, tranches grises ; il porte le cachet ancien de l'Académie
des Sciences, Lettres et Arts de Lyon. Les quelques enluminures qu'on y voit sont très grossièrement exécutées ; elles ne portent pas la marque
d'un enlumineur de profession.

La Bibliothèque de Bâle possède deux exemplaires du *Speculum humanæ vitæ* de l'atelier de
Sorbonne. Le premier (3) provient de J. Heynlin ;
il est réglé et porte une reliure ancienne, celle des

(1) Réserve R, 576.
(2) Réserve R, 587.
(3) Bibl. de Bâle, s/s D. III. 10.

livres de la Chartreuse de Bâle. Les grandes initiales sont peintes en or et en couleurs sur un fond bleu et lie de vin. Celles du texte courant sont bleues ou rouges. Cet exemplaire est bien conservé.

Le deuxième exemplaire (1), qui est réuni à plusieurs autres incunables, est moins beau que le précédent. Il provient de la Chartreuse de Bâle qui le tenait, apprend une note manuscrite, du chapelain de l'église de Bâle, Nicolas Blavstein, *alias* Gurung de Blauenstein.

Un exemplaire existe aussi dans la Bibliothèque de Vienne, en Autriche.

Cette édition de Sorbonne a été citée par Hain, n° 13,925; par Panzer, tome II, p. 272; par le deuxième catalogue de Crevenna, n° 1,795. Brunet cite plusieurs éditions du *Speculum humanæ vitæ* faites dans la fin du xve siècle, et notamment celles qui sont sorties des ateliers typographiques de Paris, créés après celui de Sorbonne; mais il ne parle pas de l'édition faite par ce dernier.

XXI. — Sophologium Jacobi Magni. — In-fol.

L'auteur de cet ouvrage, Jacques Legrand, est né à Toulouse dans le milieu du xive siècle; il acquit une certaine réputation en Italie comme professeur de philosophie et de théologie, et ensuite à Paris

---

(1) Bibl. de Bâle, F. NP. IV. 40.

comme prédicateur. Il fut, ainsi que la plupart des ecclésiastiques un peu en vue à cette époque, mêlé à quelques événements politiques ; ce fut lui que les Armagnacs, après l'assassinat de Charles d'Orléans, envoyèrent auprès du roi d'Angleterre pour demander son aide contre Jean sans Peur. L'ouvrage qu'il composa sous le titre ci-dessus est un choix de sentences, d'opinions, de jugements pris dans un grand nombre d'auteurs, à l'effet de donner à l'homme une bonne direction morale, « pour enseigner la voye et le chemin, que l'homme doibt tenir en ce monde durant le temps de sa calamiteuse vie » est-il dit dans le titre d'une des nombreuses traductions qui en ont été faites.

Le *Sophologium* de Jacques Legrand, qui eut un certain succès, a été imprimé en Allemagne antérieurement à 1472; on en connaît deux éditions imprimées avant cette année avec des caractères attribués à divers imprimeurs et dans lesquelles on remarque la forme singulière de la lettre capitale ℛ (1). Ces éditions ont deux cent dix-sept feuillets, comme celle de l'atelier de Sorbonne, ce qui a fait dire à M. Madden que celle-ci a pu être composée sur une des premières. Nous croyons

---

(1) Les éditions à l'*R* bizarre sont plus anciennes que beaucoup ne l'ont pensé. La Bibliothèque de Bâle possède un volume à l'*R* (*Duranti Rationale divinorum officiorum*) qui, d'après une note manuscrite, a été acheté en 1464 pour la Faculté des Arts de l'Université bâloise. On trouve aussi à la Bibliothèque Nationale de Paris un Raban Maur, à la lettre *R* bizarre, qui a été imprimé avant 1467. L'ancien possesseur de ce volume, Ambroise de Cambrai, dans une note manuscrite, dit qu'il l'a acheté le 20 juillet 1467.

plutôt que l'édition de Sorbonne a été faite sur un manuscrit de Paris, car si on compare les éditions allemandes avec la nôtre, on s'aperçoit que les deux textes ne sont point toujours semblables. C'est ainsi qu'un passage écrit à la main sur le cent quatre-vingt-septième feuillet, de l'édition de Sorbonne, et que nous signalons ci-après, n'est pas tout à fait celui qu'on trouve dans les éditions allemandes; cette différence peut provenir de ce fait, que le compositeur allemand et le compositeur parisien ont travaillé sur des manuscrits différents. L'édition de Sorbonne pourrait donc être une édition *princeps*.

La Bibliothèque Nationale possède un exemplaire du *Sophologium* de Sorbonne (1). C'est un volume in-folio de deux cent dix-sept feuillets, relié en maroquin vert, le dos en veau fauve, avec les armes de Condé sur le plat; il a les tranches dorées; les marges sont larges, quoique rognées. Il commence par la table des chapitres occupant trois feuillets et portant cet intitulé :

Sequiǐ tabula capitulorum istius libri.

Le texte de l'ouvrage commence par ce titre :

Doctissimi atq3 excellentissimi patris! sacraꝛ litteraꝛ doctoris deuotissimi! fratris Iacobi magni! religionis fratrum Heremitaꝛ sancti Augustini Sophologium incipit. Cuius principalis intentio est inducere legé⸗ tis animum ad sapientiæ amorem.

(1) Bibl. Nat., Réserve D, 2,019.

Suivent dix livres, dont le dernièr se termine sur le recto du deux cent dix-septième feuillet avec cette ligne :

Iacobi magni Sophologium finit fœliciter ;

Sur le verso de ce feuillet se trouve une pièce de vers, de cinq distiques, intitulée :

Epigramma ad huius operis conspectorem.

On remarque plusieurs corrections manuscrites dans ce volume. Sur le quatrième feuillet, soit la première page du texte, à la dernière ligne, l'imprimé portait : *Præposui (inquit)illā* LINGUIS *et sedibus;* on a remplacé *linguis* par *regnis,* correction faite à la main, et imparfaitement, car on a oublié de transformer l'*u* en *n.* Les éditions d'Allemagne portent bien *regnis.*

Le verso du cent quatre-vingt-septième feuillet se termine par une ligne écrite à la main qu'on a dû ajouter pour compléter le texte :

qssima ingenia haberet, maluert suis moribsq3 legibs.

On avait d'abord écrit *ingenua,* puis on a gratté l'*u* pour le remplacer par un *i.* Tous les exemplaires connus portent *ingenua* comme on va le voir.

Vers la fin du recto du cent quatre-vingt-onzième feuillet, dans la phrase : *per biennium remansit* (Jules César) *inimicus,* ce dernier mot a été corrigé en marge où on a écrit *invictus,* ce qui est correct. Certaines éditions portent *invitus*, comme quelques autres écrivent bien *invictus*.

Ce membre de phrase fait partie d'un passage attribué à Valère-Maxime par Jacques Legrand, et d'après lequel Jules César aurait eu le privilège enviable d'être devenu invincible pour avoir empêché le pillage des temples, privilège qu'il perdit pour avoir lui-même envahi le temple de Delphes. M. Madden fait observer (1) qu'une pareille assertion ne se trouve pas dans Valère-Maxime ; Jacques Legrand, dans l'intérêt de la conservation des biens de l'Église, a donc inventé à plaisir cette histoire merveilleuse, sans prendre garde que lui, catholique, semblait attribuer ainsi aux dieux païens une puissance que sa foi lui défendait de reconnaître.

L'exemplaire du *Sophologium* de la Bibliothèque Nationale ne porte aucun ornement ; l'espace réservé aux grandes initiales est resté blanc. Les livres sont numérotés à la main, à l'angle droit de chaque recto des feuillets ; les deux cent dix-sept feuillets sont aussi numérotés, mais d'une écriture plus moderne. Les cahiers ont dix feuillets et sont eux-mêmes désignés par les signatures A. B. C. D., etc.

Le caractère de cet ouvrage est très fatigué et celui-ci doit être le dernier imprimé en Sorbonne.

La Bibliothèque Sainte-Geneviève, de Paris, possède deux exemplaires du *Sophologium* (2). Le

(1) Ouv. cité, p. 191.
(2) Bibl. Ste-Geneviève, Œ, 94.

premier est incomplet et taché dans les derniers feuillets ; il y manque le premier feuillet ; les vingt-cinquième et vingt-sixième sont faits à la main. Cet exemplaire est réglé ; il est relié en parchemin blanc (reliure moderne), avec les tranches rouges ; les feuillets sont numérotés à la main, au nombre de deux cent seize ; le numéro des livres est écrit à l'encre bleue et rouge, au milieu de la marge du haut de chaque recto, avec la lettre L sur chaque verso des feuillets. La correction signalée plus haut au quatrième feuillet *(regnis* au lieu de *linguis)* n'est pas faite dans cet exemplaire, pas plus que celle du cent quatre-vingt-onzième feuillet. La ligne ajoutée à la main, à la fin du cent quatre-vingt-septième feuillet, porte le mot *ingenua* sans grattage.

Les grandes initiales des livres sont peintes assez grossièrement en couleur rouge et bleue, ainsi que celles des chapitres, plus petites. On y remarque des annotations nombreuses dans les marges. Sur un feuillet, ajouté en tête du volume, un bibliothécaire de Sainte-Geneviève a écrit une note sur Jacques Legrand et les éditions diverses de son ouvrage, en signalant que celle de Sorbonne est restée inconnue à Maittaire ainsi que celle de Lyon, imprimée par J. de Vingle en 1495, et conservée dans la Bibliothèque du Roi.

Le deuxième exemplaire appartenant à Sainte-Geneviève est aussi incomplet ; il y manque le troisième feuillet du livre V, lacune qu'on semble avoir voulu cacher en corrigeant la première ligne du quatrième feuillet, comme pour en faire une tête de chapitre ; l'avant-dernier feuillet du volume manque aussi. Cet exemplaire est relié en veau fauve, avec les tranches naturelles ; il porte, repoussé en or sur le plat de la reliure et dans l'intérieur, à l'encre noire, le cachet de la bibliothèque de Saint-Victor, de Paris. Livres et feuillets ne sont pas numérotés et aucune initiale n'a été faite ; les corrections manuscrites sont les mêmes que celles qu'on remarque dans l'exemplaire précédent ; on n'y voit pas d'annotations, quelques lignes seulement sont soulignées à l'encre noire. Cet exemplaire est assez bien conservé, quoiqu'il soit piqué des vers dans les derniers feuillets.

La Bibliothèque de Bâle possède l'exemplaire de J. Heynlin (1) ; il est réglé et relié avec plats en bois recouverts de parchemin avec dessins repoussés (reliure de Paris, contemporaine) ; les corrections manuscrites sont semblables à celles des exemplaires de Sainte-Geneviève ; il n'y a pas d'ornements exceptionnels ; les grandes initiales sont peintes en couleur bleue ou rouge, dans un style assez original, comme celles du *Térence* de la même collection.

La Bibliothèque publique d'Oxford possède un exemplaire de cet ouvrage (2).

Le *Sophologium* de Sorbonne est cité par Hain, n° 10,473, par Panzer, tome II, p. 272.

----

(1) Bibl. de Bâle, K. G. I. 5.
(2) Bibl. d'Oxford, *auct.* 6. 2 V. 33.

Les catalogues de Crevenna et de La Vallière n'en font pas mention. Brunet en donne une courte description (1) et cite les prix auxquels il a été vendu dans les enchères suivantes : Brienne-Laire, 32 francs ; salle Sylvestre, en octobre 1825, 35 francs. Il se vendrait sans doute plus cher aujourd'hui.

(1) Brunet, tome III, col. 1299.

CHAPITRE X

Impressions faussement attribuées à l'atelier de Sorbonne. — Tableau des ouvrages imprimés dans cet atelier. — Coup d'œil sur l'ensemble de ces travaux.

Tels sont les volumes imprimés dans l'atelier prototypographique de Paris, sur l'existence desquels aucun doute ne peut être élevé. On sait que nous n'avons pas compris dans notre énumération, comme imprimés en 1471, l'*Orator* de Cicéron et le *Valère-Maxime,* ces deux volumes cités par G. Fichet n'ayant jamais été vus par personne. Nous savons que ce motif ne suffit pas absolument — nous avons fait nos réserves à ce sujet — pour refuser à ces deux ouvrages le droit d'être compris au nombre de ceux qui sont sortis de l'atelier de Sorbonne ; nous-même, n'en avons-nous pas décrit d'autres qui passaient pour apocryphes et que nous avons retrouvés à Bâle, dans la collection de J. Heynlin? Mais nous avons tenu à ne faire entrer dans notre liste que les ouvrages dont il nous avait été donné de signaler l'existence incontestable.

Une prudente réserve nous était d'autant plus commandée, que plusieurs bibliographes ont attribué à l'atelier prototypographique parisien l'impression de volumes reconnus aujourd'hui pour être l'œuvre d'un atelier de Paris, postérieur à celui de la Sorbonne ; ce qui prouve qu'en pareille matière l'excès de prudence n'est point un défaut.

C'est ainsi qu'on a relevé avec raison la fausse attribution d'une édition du *Manipulus curatorum,* au sujet duquel F.-X. Laire s'exprime ainsi (1) : *Character pertinet ad eum quo Gering, Parisiis circa 1472 utebatur.* Panzer, discutant cette indication, a attribué ce volume au second atelier établi en 1473 par Gering, Crantz et Friburger, lorsqu'ils eurent quitté la Sorbonne (2).

Il en est de même d'un autre volume intitulé : *Subtilissimi Doctoris Johannis Scoti scriptum in quartum librum sententiarum Magistri Petri Longobardi, etc.*, que Maittaire et A. Bernard ont attribué à l'atelier prototypographique de Paris, et qui appartient à l'atelier qui a succédé à celui-ci.

Maittaire a rangé aussi parmi les éditions de l'atelier de la Sorbonne (1470) un volume intitulé : *Lucii Annei Senecæ Epistolæ ;* cette erreur, peu compréhensible, puisque le volume porte la date de

(1) *Index*, tome I, p. 153.
(2) Panzer, tome II, p. 274.

M.CCCC.LXXV, a été relevée par Panzer (1). Ce volume a été imprimé dans l'atelier que deux des élèves de Gering, Pierre de Cæsaris et Jean Stol, établirent, en 1473, à côté de celui de leur maître, hors de la Sorbonne.

Maittaire a cité encore, comme ayant été imprimé en Sorbonne, un ouvrage intitulé : *Tractatus de victoria Christi contra Antichristum,* par *Hugo de Novo Castro,* docteur en décret de l'Université de Paris (2); Panzer a rectifié aussi cette assertion en affirmant que cet ouvrage avait été imprimé à Nuremberg (3).

Enfin le catalogue de Gaignat (4) cite une édition in-4° d'un roman auquel nous avons déjà fait allusion dans notre chapitre VII et intitulé : *F. Florii Florentini liber de amore Camilli et Emiliæ aretinorum, etc.,* et que Gaignat a accompagné de cette note: *Editio primaria* VETUS PARISIENSIS CHARACTERIBUS UDALRICI GERING. Comme cette indication pourrait occasionner une erreur d'attribution, il n'est pas inutile de répéter que les caractères avec lesquels cet opuscule est composé ne sont pas ceux dont s'est servi Gering, soit dans son premier atelier, soit dans le second, mais bien ceux qu'employèrent ses élèves Pierre Cæsaris et Jean Stol.

D'autre part, Jean Saubert (5) cite parmi les in-

---

(1) Panzer, tome II, p. 272.
(2) *Annales typographici,* 2° édition du tome I, p. 310.
(3) *Annales typographici,* tome II, p. 273.
(4) *Cat.* Gaignat, tome I, p. 543.
(5) *Hist. Bibliot. noriberg.,* p. 119.

cunables qui se trouvaient de son temps à Nuremberg, un *Quintilien*, qu'il attribue à l'atelier prototypographique parisien. Chevillier combat avec raison cette fausse attribution répétée par Maittaire (1); il pense que J. Saubert a fait une confusion de noms, et qu'il a pris le *Quintilien* imprimé par Jenson à Venise, en 1471, pour l'œuvre du premier atelier typographique de Paris. Il nous paraîtrait plutôt que J. Saubert a fondé son dire sur une erreur ayant eu cours pendant longtemps à l'étranger, et qui consistait à représenter Jenson, à cause de son nom français, comme ayant été le premier imprimeur de Paris.

Nous devons aussi relever une erreur de lecture commise par M. Madden, dans son très consciencieux travail que nous avons utilisé souvent, et au sujet d'une édition de l'*Énéide* de Virgile que, suivant lui, Van Praet aurait attribuée à l'atelier de Sorbonne.

« Suivant Van Praet, Catalogue in-folio, 505, dit M. Madden, on a imprimé l'*Énéide* en Sorbonne (2). » Or, Van Praet n'est point si affirmatif; après avoir parlé du volume contenant les *Bucoliques* et les *Géorgiques,* et conservé dans la bibliothèque de lord Spencer, il ajoute : « *On ignore* « *d'ailleurs* si les mêmes imprimeurs ont, pour

____

(1) Chevillier, *Origine de l'Imprimerie,* p. 40. — Panzer a reproduit l'opinion de Chevillier.

(2) Madden, ouv. cité, p. 182.

« compléter cette édition, donné pareillement
« l'*Énéide* et les opuscules de Virgile. »

Rien n'indique, en conséquence, que l'*Énéide*
ait été imprimée dans l'atelier de Sorbonne.

Telle que nous l'établissons, l'œuvre de cet atelier
reste suffisamment importante, même après les
éliminations que nous lui avons fait subir. Suivant
notre liste, composée des impressions certaines,
cet atelier aurait imprimé, de 1470 à 1472 inclusivement, MILLE VINGT-SIX feuillets *utiles* in-4°, et
ONZE CENT QUARANTE-SIX in-folio.

Voici le détail de cette liste que nous reproduisons en tableau, avec les attributions probables à
chacune des années pendant lesquelles l'atelier a
été en activité. On remarquera que nous ne tenons
pas compte des assemblages en volume de plusieurs des ouvrages publiés ; nous pensons donner
ainsi une idée plus complète de l'œuvre de nos
prototypographes dans son ensemble. ·

TABLEAU DES OUVRAGES IMPRIMÉS DANS L'ATELIER PROTO-TYPOGRAPHIQUE DE PARIS.

	TITRES DES OUVRAGES	FEUILLETS in-4°	FEUILLETS in-folio
	ANNÉES 1470-71		
1	Gasparini Epistolæ	117	
2	Sallustius Crispus	103	
3	Orationes Bessarionis	39	
4	Rhetorica Ficheti	191	
5	Datus	44	
6	Phalaridis Epistolæ	56	
7	Bruti Epistolæ	18	
8	Cratis Epistolæ	9	
9	Platonis Epistolæ	49	
10	Vallæ Liber Elegantiarum		279
11	De duobus Amantibus	44	
12	De Miseria Curialium	34	
13	Virgilii Bucolica et Ægloga		49
	ANNÉE 1472		
14	Gasparini Orthographia	224	
15	De Diphtongis Libellus	7	
16	De Arte punctandi	2	
17	De Officiis Ciceronis		74
18	De Amicitiâ Ciceronis		18
19	De Senectute Ciceronis		17
20	Somnium Scipionis Ciceronis		6
21	Paradoxa Ciceronis		8
22	Tusculanæ Quæstiones Ciceronis		87
23	Flori Historia romana	89	
24	Juvenalis Satyræ		61
25	Persii Satyræ		11
26	Terencii Comœdiæ		86
27	S. Ambrosii De Officiis		90
28	Senecæ de Virtutibus Libellus		4
29	Speculum Vitæ		139
30	Sophologium		217
	Total des feuillets	1026	1146

Les travaux de nos prototypographes ont été plus nombreux en 1472 qu'en 1470-71, et cela s'explique, non seulement par ce motif que dans la dernière année ils n'avaient plus à lutter contre les difficultés inséparables de toute installation nouvelle, mais encore par cette autre raison que leur atelier une fois organisé, ils purent s'adjoindre des aides ou plutôt des élèves qui multiplièrent les travaux. Deux de ces élèves, nous l'avons déjà dit, établirent une imprimerie à leur compte, en concurrence avec celle que Gering et ses deux collaborateurs créèrent en dehors de la Sorbonne, qu'ils quittèrent à la fin de 1472. Nous reviendrons sur cette sortie de nos typographes des bâtiments de l'illustre maison, et nous la verrons coïncider avec l'éloignement de leurs deux protecteurs, G. Fichet et J. Heynlin.

Nous ne terminerons pas cette partie de notre étude sans appeler de nouveau l'attention de nos lecteurs sur la direction donnée à l'atelier de Sorbonne par ces deux savants éditeurs, dont le goût et la science se sont révélés du commencement à la fin de leur entreprise. Ils ont mérité, il faut le répéter, les éloges que les bibliographes consciencieux leur ont distribués ; ils sont sortis courageusement de la voie routinière dans laquelle les prétendus érudits de leur époque étaient engagés.

Admirateurs des grands écrivains de l'antiquité, animés d'un vif sentiment littéraire, G. Fichet et J. Heynlin furent à Paris les précurseurs d'une ère nouvelle et secouèrent le joug des anciens prejugés. N'ont-ils pas eu le courage de le dire eux-mêmes? N'ont-ils pas proclamé hautement leur intention de combattre la *barbarie* dans laquelle croupissaient les sciences et les lettres en France? Nous ne pouvons donc que nous associer sans réserve à l'élogieuse appréciation écrite sur l'ensemble des faits se rapportant à l'atelier de la Sorbonne, par un érudit, qui le premier, a jeté quelque lumière sur la question :

« Quand on se rappelle bien, dit M. Madden, combien, au milieu des impressions du xvᵉ siècle, sont rares les ouvrages des grands écrivains classiques ; combien, au contraire, pullulent les compilateurs de traités de théologie, de philosophie scolastique, de jurisprudence, de sermons, de lourds commentaires, on ne peut que saluer avec bonheur le berceau de notre imprimerie d'où l'on ne voit sortir que des chefs-d'œuvre de la langue latine ou des livres propres à l'enseigner. On sent là le réveil du goût endormi depuis tant de siècles, et l'on entrevoit, au delà de cette aube naissante, la splendeur d'une glorieuse renaissance » (1).

(1) Madden, ouv. cité, p. 196.

CHAPITRE XI

Fin de l'atelier de la Sorbonne. — G. Fichet part pour Rome, où il
meurt vers 1478. — Gering, Friburger et Crantz s'établissent
dans la rue Saint-Jacques. — J. Heynlin quitte à son tour Paris.
— Il entre dans la Chartreuse de Bâle ; sa mort.

Nous avons déjà fait remarquer que dans la
dernière moitié de l'année 1472, l'atelier prototypographique parisien semble n'avoir plus travaillé
sous la direction exclusive de Jean Heynlin et de
Guillaume Fichet. Il est probable que pour des
raisons qu'on peut deviner peut-être, nos deux sorbonistes ralentirent et finirent même par cesser
leur collaboration avec Gering et ses compagnons.

Nous avons vu, à propos du volume des *Orationes*, de Bessarion, avec quelle ardeur G. Fichet
avait embrassé la cause du cardinal dans la fameuse
question d'une croisade contre les Turcs. Dans le
courant de 1472, le docteur de Sorbonne entretint
une correspondance suivie avec Bessarion (1) sur

(1) Voir le *Recueil* des lettres des deux personnages, II° partie.

le même sujet et n'eut plus qu'un objectif : amener
le cardinal à Paris, dans le but de déterminer
Louis XI à s'engager dans la croisade et de mettre
ainsi fin à la guerre intestine de princes à princes
qui troublait la France : cette pensée patriotique
se fait jour dans presque toutes les lettres de
G. Fichet à Bessarion.

On comprend qu'étant dans cette disposition
d'esprit, G. Fichet délaissa l'atelier typographique
de Sorbonne et se consacra exclusivement à une
entreprise qu'il devait considérer comme passant
avant toute autre, mais qui échoua complètement.
Bessarion, âgé, infirme, vint à Paris dans le mois
d'août 1472, fut reçu plus ou moins bien par le roi,
dont il n'obtint rien, reprit la route de Rome et
mourut au milieu du chemin, à Ravenne, le 18 novembre.

G. Fichet, désolé de l'échec du cardinal, en
butte aussi aux attaques des jaloux, quitta brusque-
ment Paris et la France à la fin de 1472, et se rendit à Rome, où il conquit bientôt une situation
brillante à la cour papale. Il allait être nommé cardinal, dit-on, lorsque la mort le surprit, on ne sait
précisément en quelle année, vers 1478, croyons-
nous.

Quant à l'atelier de Sorbonne, il disparut bientôt
de l'illustre maison. Gering, Friburger et Crantz
s'installèrent, à la fin de 1472, dans la rue Saint-
Jacques, où ils recommencèrent, en 1473, à imprimer pour leur propre compte.

Il est permis de supposer que, privés de l'appui efficace de leurs deux savants protecteurs, nos prototypographes se virent forcés d'abandonner le premier abri qu'ils avaient illustré par leur glorieuse entreprise, et dont les propriétaires ne leur montrèrent pas tout d'abord une reconnaissance qui leur était bien due (1).

Il n'entre pas dans le plan de notre étude de suivre jusqu'à leurs derniers efforts les imprimeurs qui eurent l'honneur insigne d'installer en France l'art typographique. Quelques-uns ont déjà parlé des labeurs exécutés par ces ouvriers de la pensée depuis leur sortie de la Sorbonne ; d'autres reviendront peut-être sur ce sujet intéressant. Quant à nous, nous devions borner notre tâche à mettre en lumière les premiers pas faits sur la terre de France par ces hommes, dont les uns étaient animés de sentiments où le patriotisme tenait une large place, et les autres s'étaient transformés en missionnaires d'une idée nouvelle qui devait être féconde en bienfaits pour l'humanité.

Et ce n'est pas sans un sentiment de tristesse, qu'après avoir été témoins des courageux efforts déployés par J. Heynlin et G. Fichet pour créer l'atelier prototypographique parisien et en guider les premiers essais, nous assistons à la fin presque lugubre d'un aussi louable dessein !

---

(1) Plus tard, Gering fut tout à fait dans les bonnes grâces de la Sorbonne à laquelle il prêta de l'argent et légua une partie de sa fortune, ainsi que nous l'avons dit.

Nous avons dit les déboires dont fut frappé G. Fichet; nous venons de le voir s'éloigner de cette Université de Paris qu'il appelait sa *mère*, et aller mourir sur une terre étrangère sans qu'on ait même jamais su en quelle année il rendit le dernier soupir !

Nous venons de voir Gering et ses compagnons obligés de chercher un asile autre que celui que leur avaient libéralement fait obtenir leurs protecteurs : ils sortirent des bâtiments de la Sorbonne sans même emporter avec eux le matériel, caractères et presses, dont ils s'étaient servi jusque-là, car à dater de leur établissement dans la rue Saint-Jacques, on ne voit plus reparaître leur fonte de l'atelier de Sorbonne.

Quant à J. Heynlin, il ne put assister sans un amer regret à la chute de l'entreprise dont il avait été le principal promoteur. Abandonnant bientôt à son tour la Sorbonne, il retourna dans les pays allemands où il se livra entièrement à la prédication: on le voit commencer ce fatigant métier à Bâle, dont il fit son quartier général, et où il prêcha pendant l'Avent de 1474. A dater de cette époque, et pendant plusieurs années, il rayonna dans toutes les contrées voisines, et les chaires de Berne, de Bâle, de Tubingue et d'autres villes retentirent de ses discours religieux.

Enfin, épuisé par des efforts aussi souvent répétés, il prit la suprême résolution de s'enfermer dans la Chartreuse de Bâle.

Ce fut le 15 août 1487, dans l'après-midi, et après avoir prononcé dans la cathédrale bâloise un sermon qui devait être le dernier, qu'il franchit le seuil du couvent dont la porte se referma sur lui pour toujours.

Le 17 novembre suivant, il fit sa profession : la veille, comme il allait être définitivement mort au monde, il avait écrit son testament, par lequel il donnait à la Chartreuse les seules richesses qu'il possédât, c'est-à-dire sa bibliothèque, importante pour l'époque et composée d'environ trois cents volumes qu'il avait eu soin d'apporter de Paris, et dont on a retrouvé le catalogue; ces volumes existent aujourd'hui dans la Bibliothèque de Bâle, ainsi que nous l'avons dit.

J. Heynlin vécut pendant neuf années environ enfermé dans son couvent, et non sans être victime, même au sein de ce séjour, où le calme et la fraternité auraient dû régner, de tracasseries dont le prétexte fut sa vie toute consacrée à des exercices religieux et à l'étude (1).

Le 12 mars 1496, dans l'après-midi, J. Heynlin expirait sur son grabat.

L'Université de Bâle, désireuse de rendre un hommage solennel au savant qui venait de mourir, demanda l'autorisation de lui faire élever un petit monument funéraire dans l'intérieur de la Char-

(1) Nous devons ces renseignements inédits sur les dernières années de la vie de J. Heynlin à l'obligeance de M. Sieber, qui prépare un travail complet sur le compagnon et l'ami de G. Fichet.

Monument élevé dans la Bibliothèque de Sainte-Geneviève, à Paris,
en l'honneur
de J. Heynlin, de G. Fichet et des prototypographes parisiens.

treuse. Au nom de l'égalité monacale, le prieur ne crut pas devoir donner cette satisfaction à l'Université.

Singulière coïncidence! J. Heynlin, G. Fichet qui, d'un commun accord, tandis qu'ils brillaient au sein des écoles de Paris, avaient travaillé pour la plus grande gloire de leur pays d'adoption, mouraient tous deux obscurément, l'un, dans la ville papale, l'autre, dans la solitude d'un cloître, et sans qu'un signe extérieur ait jamais indiqué la place où ils reposaient!

Depuis lors, plus de quatre cents ans se sont écoulés. Certes, le souvenir de G. Fichet, de J. Heynlin, de Gering et de ses collaborateurs ne s'est point perdu entièrement; on leur a même élevé de nos jours un monument qui orne le grand escalier de la Bibliothèque Sainte-Geneviève, à Paris; mais si leur mémoire s'est perpétuée dans le monde savant, combien peu connaissent les services rendus aux lettres et à la science par les pères de la typographie française!

Les humbles travailleurs n'obtiennent généralement pas des peuples les marques de la reconnaissance à laquelle ils ont droit: on glorifie à l'envi les conquérants dont l'humanité n'a retiré que des désastres, et on laisse souvent tomber dans l'oubli ces hommes courageux et modestes qui ont ouvert les voies nouvelles à la science, cette conquérante bienfaisante à qui nous devons l'amélioration de notre sort matériel et la possession incontestée de notre liberté intellectuelle.

Puissions-nous, pour notre part, si humble soit-elle, avoir apporté un concours utile à l'œuvre de réparation en faveur de quelques-uns de ces oubliés, dignes de la reconnaissance du peuple français!

INDEX

DES PRINCIPAUX DOCUMENTS

ET

OUVRAGES CONSULTÉS

MANUSCRITS

LETTRES *de Bessarion et de Guillaume Fichet;* recueil manuscrit; Bibliothèque Nationale, Réserve Z.

Recueil, dit *factice,* de lettres de G. Fichet; Bibliothèque Nationale, Réserve Z.

LE LIVRE *du Grand Bedeau de l'Université;* Bibliothèque Nationale, Ms. Fonds ancien, 5657 C.

REGISTRE *original des Prieurs de Sorbonne, de l'année 1430 à l'année 1483;* Bibliothèque Nationale, Ms. Fonds latin, n° 5494 A.

ORDO *licentiatorum ab anno 1373 ad annum 1774-88;* Bibliothèque Nationale; Ms. Fonds latin, n° 15,440.

LIBER *de Scriptoribus sorbonicis;* de la Bibliothèque de l'Arsenal, à Paris; Ms. latin, n° 1020.

HISTORIA *sorbonica;* Bibliothèque de l'Arsenal, Ms. latin, n° 1021.

IMPRIMÉS

DE FRANCORUM REGUM GESTIS; par ROBERT GAGUIN; 1 vol. in-4; Paris, Jehan Petit, 1528.

HISTORIA || *Vniversitatis* || *parisiensis* || *ipsivs fvndatio-nem* || etc.; par César Égasse Du Boulay; 6 vol. in-folio; Paris, François Noël et P. de Bresche, 1665-73.

INDEX *chronologicus chartarum* || *pertinentium ad histo-riam* || *Universitatis parisiensis* || *ab ejus originibus ad finem decimi sexti sæculi* || *... Studio et cura* Car. Jourdain; 2 liv. in-folio; Paris, Hachette, 1862.

DE L'ORGANISATION || DE L'ENSEIGNEMENT || *dans l'université de Paris* || *au moyen âge;* || par Charles Thurot; 1 vol. in-8; Paris et Besançon, 1850.

LE || CARDINAL BESSARION || (1403-1472) || *Etude sur la Chrétienté et la Renaissance* || *vers le milieu du* xvᵉ *siècle;* par Henri Vast, docteur ès-lettres; 1 vol. in-8; Paris, Hachette, 1878.

JUGEMENS || *des savans* || *sur* || *les auteurs* || *qui ont traité de la Rhétorique* || *avec un précis de la doctrine* || *de ces auteurs; par* M. Gibert, *ancien recteur de l'Université de Paris,* etc.; 3 vol. in-12; Paris, Jacques Estienne, ruë Saint-Jacques, à la Vertu, 1713-19.

DESCRIPTION || NOUVELLE || *de ce qu'il y a de plus* || *remarquable* || *dans la ville* || *de Paris;* par M. Brice; 2 vol. in-12; Paris, Jean Pohier, 1685.

Le même ouvrage avec addition du libraire Mariette et de l'abbé Perreau; 4 vol. in-12; Paris, 1752.

HISTOIRE || *de la ville* || *de Paris* ||, *composée* || *par* D. Michel Félibien ||, *reveue, augmentée et mise au jour* || *par* D. Guy-Alexis Lobineau, *tous deux* || *Prêtres Religieux Bénédictins de la congrégation* || *de Saint-Maur,* etc.; 5 vol. in-fol.; Paris, G. Desprez et J. Desessartz, 1725.

LE CABINET || *des* || *manuscrits* || *de la Bibliothèque impériale* ||, *étude sur la formation de ce dépôt* || etc., || *par* Léopold Delisle || *membre de l'Institut;* 2 vol. in-folio; Paris, Imprimerie impériale-nationale, 1868-74.

BASLER CHRONIKEN, || *herausgegeben* || *von der historis-chen und antiquarischen gesellschaft in Basel* || ; *par* WILHELM VISCHER et ALFRED STERN ; 2 vol. in-8 ; Leipzig, S. Hirzel, 1872.

GESCHICHTE || *der Universitat Basel*, || *von der Grün-dung 1460 bis zur Reformation 1529;* || par le prof. WILHELM VISCHER ; 1 vol. in-8 ; H. Georg, 1860.

DIE SEHENSWURDIGKEITEN || *von* || *Bero-Münster* || *mit geschichtlichen Erlanterungen* || etc.; par M. ESTERMANN ; broch. in-8 ; Lucerne, 1878.

DIE || BUCHDRUCKEREI || *zu* || *Beromünster* || *im* || *fünfzehnten Jahrhundert* || *von* || J.-L. AEBI || *chorherrn;* broch. in-8 ; Einsiedeln, New-York und Cincinnati, 1870.

COMMENTARIVS || *de* || *scriptoribvs* || *ecclesiæ antiqvis,* || *illorvmqve scriptis tam impressis* || *quam manvscriptis,* etc.; par CASIMIR OUDIN ; 3 vol in-folio ; Leipzig, Maur. Georg. Weidmann, 1722.

IOANNIS TRI || THEMII *spanhemen* || *sis primvm, deinde d. iacobi in svbvrbano herbipolensi, abbatis ervditissimi opera,* etc.; 1 vol. in-fol ; Mayence, Jean Albin, 1605.

MONUMENTA || TYPOGRAPHICA, || *qvæ* || *artis hujus prae* || *stantissimae originem,* || *laudem et abusum* || *posteris produnt;* par J.-O. Christian Wolfius ; 2 vol. p. in-4 ; Hambourg, Christian Hérold, 1740.

DECAS || FABULARUM || *humani generis* || etc.; par J. WALCHIUS ; 1 vol. in-4 ; Strasbourg, Lazare Zetzner, 1609.

HISTORIA || BIBLIOTHECÆ || *Reip. Noriber* || *gensis,* etc.; par J. Saubert ; 1 vol. in-32 ; Nuremberg, Wolfrang Ender, 1643.

HISTOIRE || *de* || *la Sorbonne* || *dans* || *laquelle on voit l'influence de la Théologie* || *sur l'ordre social;* par l'abbé Duvernet ; 2 vol. in-8 ; Paris, Buisson, 1790.

LA || SORBONNE || *ses origines, sa bibliothèque,* || *les débuts de l'imprimerie à Paris,* etc.; par Alfred Franklin, 2ᵉ édition; 1 vol. in-8; Paris, Léon Willesse, 1875.

TYPOGRAPHIA, || *carmen* ||, par L. A. P. II. *in academia Parisiensi Artium Magister, An. 1764.* Poème par Hérissant, très original. Vol. de *Mélanges,* Bibl. de la Chambre des Députés, c. Z 9, pièce nᵒ 4.

DES || ARTS || GRAPHIQUES || *destinés* || *à multiplier par l'impression* || *considérés sous le double point de vue* || *historique et pratique* ||; par J.-M. Herman Hammann; 1 vol. in-12; Genève-Paris, Joël Cherbuliez, 1857.

ÉTUDES || *pratiques et littéraires* || *sur la* || *Typographie;* par G.-A. Crapelet, imprimeur, tome I seul paru; in-8.; P. Dufart et imprimerie Crapelet, Paris, 1837.

HISTOIRE || *de* || *l'Imprimerie* || *et* || *de la Librairie,* || *où l'on voit son origine et son progrès* || *jusqu'en 1689,* || *divisée en deux livres* (par J. DE LA CAILLE); 1 vol. in-4; Paris, Jean de La Caille, 1689.

L'ORIGINE || *de* || *l'Imprimerie* || *de Paris* ||, *dissertation historique* || *et critique* || *divisée en quatre parties;* par André Chevillier; 1 vol. in-4; Paris, Jean de Laulne, 1694.

HISTOIRE || *de* || *l'Origine* || *et des* || *premiers progrès* || *de* || *l'Imprimerie;* par Prosper Marchant; 1 vol. in-4; La Haye, veuve Le Vier et Pierre Paupie, 1740.

SUPPLÉMENT || *à l'histoire* || *de l'Imprimerie* || *de* Prosper Marchant, || *ou additions et corrections* || *pour cet ouvrage,* (Anonyme, mais par Mercier, abbé de Saint-Léger); 1 vol. in-4; Paris, imprimerie Philip. Denys Pierres, 1775.

ANALYSE || *des opinions diverses* || *sur* || *l'origine de l'imprimerie;* par Daunou; 1 vol. in-8; Paris, Ant. Renouard et Beaudouin, an XI.

DE L'ORIGINE || *et des débuts* || *de l'Imprimerie* || *en Europe* ||; *par* Aug. Bernard, 2 parties en 2 volumes; Paris, Imprimerie impériale, 1853-54.

ENCYCLOPÉDIE || *moderne.* || *Dictionnaire abrégé* || *des sciences, des lettres, des arts* || etc., publiée par MM. Firmin Didot Frères; 27 vol. in-8; Paris, 1847-51. — Article Typographie.

LETTRES || *d'un* || *bibliographe* || *suivies d'un essai sur* || *l'origine de l'imprimerie* || *de Paris* || *(5ᵉ série ornée d'un atlas)* || ; par J.-F.-A Madden ; Paris, Ernest Leroux, 1878; in-8, avec atlas in-fol.

ANNALES || *typographici* || *ab* || *artis inventæ* || *origine* || *ad annum M. D. et MDLVII*, par Mich. Maittaire A.-M. 3 tomes in-4 ; La Haye, Isaac Vaillant, 1719, pour le tome I ; La Haye, Isaac Vaillant et Nicolas Prévost, 1721, pour le tome II ; Frères Vaillant et Nicolas Prévost, 1725, pour le tome III. — Deuxième édition du tome I, Amsterdam, Pierre Humbert, 1733.

OBSERVATIONS || *sur quelques endroits des Annales typographiques* || *de M. Maittaire.* Mémoire communiqué à l'Académie des Inscriptions et Belles-Lettres par M. de Boze, et resumé dans le tome XIV des Mémoires de cette compagnie ; Paris, 1743.

CATALOGUE || *des* || *livres* || *du cabinet* || *de* || M. de Boze ; petit in-folio, sans nom de rédacteur ni d'imprimerie ; Paris, 1745 (rédigé par Boudot et publié par Gabriel Martin ; imprimerie du roi).

BIBLIOTHÈQUE || *curieuse,* || *historique et critique* || *ou* || *catalogue* || *raisonné* || *de livres* || *difficiles à trouver ;* par David Clément ; 9 tomes seuls parus, in-4 ; Tome I. Gottingen, Jean Guillaume Schmid, 1750 ; Tome II, *id.* 1751 ; Tome III, *id.* 1752 ; Tome IV, Hanovre, *id.* 1753 ; Tome V, *id.* 1754 ; Tome VI, Leipzig, Jean - Fréd. Gleditsch, 1756 ; Tome VII, *id.* 1757 ; Tome VIII, *id.* 1759 ; Tome IX, *id.* 1760.

BIBLIOGRAPHIE || *instructive :* || *ou* || *traité* || *de la connaissance* || *des livres* || *rares et singuliers,* || etc.; par Guillaume-François De Bure le Jeune, libraire de Paris ; 7 vol. in-8; Paris, De Bure le Jeune, 1763-68.

SUPPLÉMENT || *à la* || *Bibliographie instructive,* || *ou* || *Catalogue* || *des livres du cabinet* || *de feu M. Louis-Jean* GAIGNAT, || etc. Disposé et mis en ordre par Guill.-François de Bure le Jeune, libraire de Paris; 2 vol. in-8; Paris, G.-F. de Bure le Jeune, 1769.

CATALOGUE || *des livres* || *de la bibliothèque* || *de feu* || *M. le duc de la Vallière;* || par et chez Guillaume de Bure, fils aîné; 3 vol. in-8; Paris, 1783.

CATALOGUE || *des Livres* || *de la bibliothèque* || *de* || *M. Pierre-Antoine* || BOLONGARO-CREVENNA; 5 vol. in-4, en 6 parties; Amsterdam, D. J. Changuion et P. den Hengst, 1789.

INDEX || *librorum* || *ab inventa typographia* || *ad annum* *1500;* par FRANÇOIS-XAVIER LAIRE, 2 vol. in-8; Sens, veuve et fils Tarbé, 1791. — Catalogue de la riche bibliothèque du cardinal de Loménie de Brienne, archevêque de Sens.

ANNALES || *typographici* || *ab artis inventæ origine* || *ad* *annum MD,* || *post Maittairi, Denisi* || *aliorvmqve doctissimo-* *rvm virorvm cvras* || *in ordinem redacti emendati et avcti;* par WOLFRANG PANZER; 5 vol. in-4; Nuremberg, J. E. Zeh, 1793-1797.

— Suite du même ouvrage, *ab anno MDI ad annvm* *MDXXXVI,* 6 vol. in-4; Nuremberg, J. E. Zeh, 1798-1803. — En tout 11 vol. in-4.

BIBLIOTHECA || SPENCERIANA || *or* || *a descriptive* *catalogue* || *of the books printed in the fifteenth century,* || *and* *of many valuable first editions,* || *in the library of* || *George* *John Earl Spencer,* K. G., etc.; par THOMAS FROGNALL DIBDIN; 4 vol. gr. in-8; Londres, Bulmer and Cᵒ. 1814-15.

A || BIBLIOGRAPHICAL || *Antiquarian* || *and* || *pictures-* *que Tour* || *in* || *France and Germany* ||, *by the Rev.* || THO. FROGNALL DIBDIN *F. R. S. S. A.;* 3 vol. in-4, imprimerie W. Bulmer et W. Nicol, 1821.

ANNALS || OF || PARISIAN TYPOGRAPHY || *contai-* *ning* || *at account* || *of the* || *Earliest typographical estab-*

lishments || *of* || *Paris; and notices and illustrations* || *of the* || *most remarkable productions* || *of the* || *Parisian Gothic Press* : || *compiled principally to shew* || *ist general character ; and ist particular influence* || *upon* || *the Early English Press.* || *By the rev.* WILLIAM PARR GRESWELL; Londres, 1818, in-8.

CATALOGUE || *des livres* || *imprimés sur vélin,* || *avec date* || *depuis 1457 jusqu'en 1472.* || *— Première partie* || *1457-1470* || ; par VAN PRAET ; 1 vol. in-folio; Paris, De Bure frères, 1813.

Volume tiré à six exemplaires seulement, et qui n'a jamais été mis en vente.

CATALOGUE || *des livres* || *imprimés sur vélin* || *de la Bibliothèque du Roi* || ; par VAN PRAET ; 5 vol. in-8; Paris, De Bure frères, 1822.

CATALOGUE || *des livres* || *imprimés sur vélin* || *qui se trouvent dans les bibliothèques* || *tant publiques que particulières,* || *pour servir de suite* || *au Catalogue des Livres imprimés sur vélin* || *de la Bibliothèque du roi;* par VAN PRAET ; 4 vol. in-8; Paris, De Bure frères, 1824-28.

REPERTORIUM || BIBLIOGRAPHICUM, || *in quo libri omnes ab arte typo* || *graphica inventa usque* || *ad annum MD* || etc.; par LOUIS HAIN; 2 parties en 4 vol.; Stuttgard, J.-G. Cotta, et Paris J. Renouard, 1826-31-38.

MANUEL || *du libraire* || *et* || *de l'amateur de livres* || ; par JACQUES-CHARLES BRUNET; 6 vol. in-8, en 12 parties; Paris, Firmin Didot frères, cinquième édition, 1860-65.

TABLE DES MATIÈRES

PARIS — IMPRIMERIES RÉUNIES — C

54 bis, rue du Four. — 3151.